東方星理學②

Oriental Astrology * 12 Houses

◆

感情婚姻、朋友手足、財運事業、晚輩和房產、健康與外緣，
全方位論斷的人生曲線說明書

東方星理學創始人．紫微斗數泰斗 天乙上人——著

《單星篇》介紹了40顆星座的人格特質、心態屬性和性格優缺點，
而在《區塊篇》中，則進一步說明星盤中十二區塊的作用和影響，
讓你更懂得如何與世界互動，清楚自己的天賦傾向、優勢弱勢，
更可進一步推斷未來的發展方向，適時衝刺與低伏，掌握人生轉折的關鍵時刻。

東方星理學創始人．紫微斗數泰斗

天乙上人

作者簡介

畢生鑽研斗數系統，潛心著作、教學四十年，十年前開始研發以「圖像符號」代替星座名稱，並以古代宮廷的人物，爲古老的紫微斗數賦予全新生命力。

「東方星理學」的詮釋現代化，是爲了讓年輕世代易於接受、吸收，研發過程融入西方心理學與大數據統計學，並以此克服這門學問無法跨越語言翻譯的障礙，最大的期望，便是能藉此將東方占星學弘揚國際，爲傳統文化盡一份棉薄之力。

經歷

- 社團法人中華民國占驗紫微學會—創會理事長
- 占驗法門第五十四代掌門人
- 復華易學研究院院長
- 四十年執業經驗，授生五十期，學生近六百人，分布世界各地

著作

- 現代斗數眞訣（共六冊）
- 占驗紫微PMP（共六冊）
- 紫微通鑑（共十四冊）
- 紫微斗數命例眞解三百例（共三冊）
- 占驗夢境乾坤（共三冊）
- 占驗姓名學（共二冊）
- 東方星理學．單星篇

得獎記錄

- 《東方星理學》榮獲二〇一三年歐盟（比利時）國際發明展（文化類）金牌獎
- 羅馬尼亞國家研究院金牌獎
- 波蘭國家發明聯合總會金牌獎。

網址

www.skyfate.tw

作者序

宇宙之大不過分陰陽，人口之眾也只分男女。從一棵大榕樹上隨便摘下兩片葉子，其紋路都不會一樣，何況是人？每個人都有屬於自己獨特的人格特質，就連雙胞胎亦然，每一個人都是獨一無二、獨立的存在。

世上沒有一個人是完美的，有優點就有缺點，但是，你瞭解自己嗎？學習東方星理學的好處就是能在最短時間內了解別人的人格特質，同時也能讓你先認識自己的優點和盲點。二十一世紀人類科技最大的挑戰是「細菌和病毒」，不是AI和5G，最大的工程則是如何「瞭解自己」。前一陣子有位知名女星的碩士畢業論文是「研究自己」，不但得到通過，還贏得了不少掌聲，各位讀者們，您認爲呢？

在東方星理學中，星盤分爲十二個區塊，互爲表裡，彼此相互影響和作用，切勿以單一區塊的表象就妄下論斷，尤其是與親情和血緣相關的區塊，隱含著基因的成分，不可輕忽。財政區塊的旺弱，也和身體的健康因素息息相關；行政區塊的順逆與強弱，則與婚姻、晚輩皆有密切的關連。研習者們應細細觀察並靈活分析，才能瞭解並體會其中「因」和「果」的連動。

一個有自信、有夢想、有目標的人，是由使命感或壓力來驅動，在人格特質和價值觀的引領下，產生動力，付出行動。因此，解析星盤必須考量當事者所處的時代環境、人文背景、性向、特性、及原生家庭的基因等因素，這些皆能左右一個人的格局高低，分析時應先定調、歸納、再細分，即可清晰地顯現其人格特質的主軸，避免星海撈針，找不到方向。

庚子年，在世紀大疫情的風暴席捲下，更加突顯出沒有永恆不變的狀態，再大的企業都會倒，昨日的輝煌可能轉瞬間慘澹，面對未來「要努力活下去」，就必須超前佈局，準備第二專長，以備不時之需，方爲上策。

天乙 合十

二〇二〇年 秋

目錄

目錄

星盤中的十二區塊

每個星盤都有十二個區塊，依照每個人總部落點不同，在總部就定位之後，再按逆時針方向依序落入：手足區塊、婚姻區塊、晚輩區塊、財政區塊、健康區塊、外緣區塊、朋友區塊、行政區塊、房產區塊、欲望區塊、基因區塊，一圈之後再回到總部來。

總部代表一個人的基本性格和人格特質，也是人與人各不相同、都具有獨一無二特質的源頭。若以總部落在II位爲例，呈現出來的星盤便如下圖。而每個人會因爲出生年月日時辰的不同，因此總部落點不一，但其他十一個區塊都是按逆時針順序落入。

<table>
<tr><td>行政區塊
VI</td><td>朋友區塊
VII</td><td>外緣區塊
VIII</td><td>健康區塊
IX</td></tr>
<tr><td>房產區塊
V</td><td colspan="2" rowspan="2">星盤中的十二區塊</td><td>財政區塊
X</td></tr>
<tr><td>欲望區塊
IV</td><td>晚輩區塊
XI</td></tr>
<tr><td>基因區塊
III</td><td>總部
II</td><td>手足區塊
I</td><td>婚姻區塊
XII</td></tr>
</table>

圖一：星盤中的十二區塊。

基本區塊和大限行運

無論是手排星盤，或是運用軟體排出的星盤，呈現出來的都會如前頁圖一一般的「基本十二區塊」，從中我們可以看出一個人的基本性格、與人互動的方式、以及理財、謀生之道等大致輪廓。

除了基本十二區塊之外，因人生不斷地往前運轉，星盤的總部落點也會依時間繼續推進，此時其他的十二區塊也會跟著轉移。

每一個區塊是十年，每十年則稱作一個「大限」。舉例來說，若是出生西元年尾數爲單數的人，男性的大限會依逆時針運行，女性則會以順時針運行；反之，出生西元年尾數爲偶數的人，男性的星盤大限會依順時針運行，女性以逆時針運行，如圖二。

第 5 大限 行政區塊 VI	第 6 大限 朋友區塊 VII	第 7 大限 外緣區塊 VIII	第 8 大限 健康區塊 IX
第 4 大限 房產區塊 V	1984 年農曆 5 月 8 日巳時 出生的男性基本星盤		第 9 大限 財政區塊 X
第 3 大限 欲望區塊 IV			第 10 大限 晚輩區塊 XI
第 2 大限 基因區塊 III	第 1 大限 總部 II	第 12 大限 手足區塊 I	第 11 大限 婚姻區塊 XII

圖二：基本星盤。

這位一九八四年出生的男性，總部位於II，這是他第一大限總部的位置，如果時間推移，在他十二歲時，行運已走到第二大限，也就是圖中III位基因區塊的位置，而這個地方同時也是他第二大限的總部。

人生不斷往前爬格子，順爬或逆爬並沒有好壞之分，而是要看每一個大限的總部星宿組合好不好？三方會到的區塊中有沒有吉星或煞星？必須綜合觀察才能判斷一個十年大運是走高峰？還是落低谷？關係到人生中的重要抉擇和機遇。

專有名詞

在書中會有一些常用的名詞，像是：

❖逢破

若一個區塊中有兩個煞星而無主星牽制的話，視爲逢破。另外，滂神星和糾纏星所夾的區塊、滂神星和糾纏星對照的區塊，也都視爲逢破。

❖四化

「化」就是改變的意思，每一年都有四顆「化」星，分別是化爲：資源星、掌握星、顯耀星、阻礙星，也就是針對不同的四顆星，將星宿的性質加以變化。

變化之後的星宿性質會改變，一般來說，加入資源星、掌握星、顯耀星的星宿稱爲「化吉」，加入阻礙星的稱爲「化凶」，但這只是粗略的區分而已，詳細的變化則需要個別說明。

四化是跟著天干而來的，也就是說，十天干以西元年尾數而定，例如：

西元年尾數	4	5	6	7	8	9	0	1	2	3
天干	1	2	3	4	5	6	7	8	9	0

舉例來說，西元出生年爲一九八四年的人，尾數爲 4，天干爲 1，天干 1 的四化是：資源星落於使節星、掌握星落於前鋒星、顯耀星落於副學士星、阻礙星落於王爺星。

因此我們也會稱作：使節星加資源星、前鋒星加掌握星、副學士星加顯耀星、王爺星加阻礙星。

每個天干都有四個化星：資源星、掌握星、顯耀星、資源星，依照不同年度，分別落入不同的四顆星宿中，分別如下：

天干	四化
1	資源星落於使節星、掌握星落於前鋒星、顯耀星落於副學士星、阻礙星落於王爺星
2	資源星落於軍師星、掌握星落於監察史星、顯耀星落於皇帝星、阻礙星落於皇后星
3	資源星落於貴妃星、掌握星落於軍師星、顯耀星落於正學士星、阻礙星落於使節星
4	資源星落於皇后星、掌握星落於貴妃星、顯耀星落於軍師星、阻礙星落於密探星
5	資源星落於近侍星、掌握星落於皇后星、顯耀星落於右護法星、阻礙星落於軍師星

6	資源星落於司庫星、掌握星落於近侍星、顯耀星落於監察史星、阻礙星落於副學士星
7	資源星落於王爺星、掌握星落於司庫星、顯耀星落於貴妃星、阻礙星落於總管星
8	資源星落於密探星、掌握星落於王爺星、顯耀星落於司庫星、阻礙星落於正學士星
9	資源星落於監察史星、掌握星落於皇帝星、顯耀星落於宰相星、阻礙星落於司庫星
0	資源星落於前鋒星、掌握星落於密探星、顯耀星落於皇后星、阻礙星落於近侍星

總部區塊

分析要領一

在《東方星理學——單星篇》中，我們已經對40顆星宿的星性特質有了相當的瞭解，此時便可列印出星盤，進一步的探索東方星理學的奧妙之處。

相信大部分占星研究者一開始都曾有這樣的經驗：拿到一張星盤時該如何切入？滿天星斗該從何處開始著手？明明已將星盤中每個星座都背得滾瓜爛熟了，而且四化、格局也都瞭若指掌，但一拿到星盤還是腦袋一片空白，不知該從何下手。

其實解讀星盤不難，只要掌握原則，便可一步步發掘滿天星斗的含義。

分析之前，必須先掌握幾個步驟：

1 核對生辰資料及出生地。

2 瀏覽十二個區塊裡星座的分佈狀況。

3 了解每一個區塊和星座的旺弱。

4 注意逢煞星、逢破的區塊。

5 留意星盤主人的心態傾向。

之後，再配合各區塊裡星座的性質並加以剖析，所判斷的事情必然八九不離十。

因此，當我們拿到一張星盤，首先要從核對出生年月日時辰及出生地開始，並將當事人的長相、個性、特徵與星座比對，以確定其所提供之時間正確無誤。這是看星盤的起手式，也是最基本、最重要的步驟，因爲不論當事人有意或無意，仍有許多人不太清楚自己的出生時間。舊時因爲是農業時代多產之家，長輩們無法一一清楚記得每一個孩子的生辰；有的因爲家中貧苦，在家生產又無時鐘，故而只記得一個大概的時間。有的則是因爲生在農忙時期，一時無暇去報戶口，待報戶口時又因逾期怕被罰款而不敢據實以報，所以將錯就錯。其他亦有因爲日光節約時間，以及出生地不同而造成的時差，使得當事人對自己所提供的生辰有某方面的誤差而不自知。因此，查核一個人的生辰八字是否正確是優先且絕對必要的。

而校對生辰就必須細察當事人的長相、個性和特徵，與所排的星盤中的總部區塊星座是否相符。例如總部坐皇帝星的男性，必有皇帝星所象徵的長相特徵：天庭高、法令紋過嘴角、身材虎背熊腰等等。但當事人若是瘦小乾枯、一副尖嘴猴腮的單薄樣貌，恐怕這個生辰就有問題，或是總部已產生質變了。

若是總部區塊中星座頗多，無法清楚地看出其長相或特徵，此時可以將其六親區塊的情況來做比對，像是父母或兄弟概況等等。若當事人基因區塊有資源星，則需注意其父母有無二婚、或當事人有沒有認義父母？這些都是可以用來印證生辰是否正確的方法。

除此之外，還可就當事人受傷部位、或有胎記、痣的位置來求證，這些都符合之後，方可再進行下一個步驟。否則分析半天、說得口沫橫飛之後才發現整個星盤結構不對，豈不是搞笑？

確定生辰資料之後，接著需先熟悉一下星盤中星座分佈的情況，以及五行旺弱，才能判斷吉凶。

星盤就像一棟房子，要衡量它堅固與否？價值多少？就必須先判斷其結構如何、材料等級、座落地點、使用年分等等。星盤也是如此，首先須看皇帝星落在星盤何處？哪一個區塊？與什麼星座同區塊？然後再看王爺星、皇后星落在何處？是否位在旺地？接著再從總部區塊開始，每個區塊依序瀏覽，就像打開房內每一扇門看看裡頭格局佈置一樣。

星宿落在各個區塊的旺弱，是以區塊內主星的五行，與該區塊的地支五行是相生或相剋而定。星座被地支所生者，星座為廟旺，就像貴妃星屬水，落在屬金的X區塊，金生水，因此貴妃星在X區塊為廟旺。若地支與星座的五行相同，例如屬金的司庫星落入屬金的IX區塊，兩者五行屬性相同，則為利；若是星座生地支，等於星座元氣被洩，就像屬土的監察史星落入屬金的IX區塊，土生金，視為平；若是與地支相剋，像是屬木的軍師星落入屬金的IX區塊，金剋木，軍師星在IX區塊則為落陷。

屬火 VI	屬火 VII	屬土 VIII	屬金 IX
屬土 V			屬金 X
屬木 IV			屬土 XI
屬木 III	屬土 II	屬水 I	屬水 XII

圖說：地支五行圖。

但若一個區塊中有不只一顆星座，這種情形下只好再來一場星際大戰，各以其五行互相生剋較量一番，勝者主導，勝者當家。

總部區塊坐鎮的主星星性，代表其人的人格特質傾向是積極的狼性？還是溫順的羊性？亦是在面對人生轉折時，具有決定性因素的意志取向。

接下來，便要了解各個區塊的旺弱對當事人的影響。某些觀念認爲星座越旺越好，其實未必如此，好與不好必須視其落入哪個區塊而定。一般而言，過旺的星座落入財政區塊、行政區塊、欲望區塊、房產區塊等都是很不錯的，但若是落入六親（手足、婚姻、晚輩、朋友、基因）區塊，太旺反而不美。

巡視各區塊一周之後，找出當事人哪些區塊爲旺？哪些區塊無力？便可進一步了解此人與六親相處的情形，以及生活背景、謀生之道、人格特質等等，如此也才能夠正確地判斷其人運勢走向。

在星盤各星宿中，我們也必須注意滂神星和糾纏星所落的區塊。因爲此星會造成某些變數，若是沒有加以注意，判斷結果可說南轅北轍，甚至出現「煞星反吉」的情形。

接著，留意煞星落在哪個區塊？煞星單守的區塊以及其對沖的區塊逢破（若一個區塊有兩個煞星而無制者，亦視爲逢破），滂神星和糾纏星所夾的區塊、滂神星和糾纏星對照的區塊，這些都視爲逢破。

沒有一張星盤是十全十美的，只不過每個人破的宮位不同，其特性也有輕重之分，所形成的缺憾也因人而異。放眼眞實人生，不也正是如此嗎？有人雖然富甲一方，但卻六親無緣，孤帆獨航；有人雖只是凡夫俗子升斗小民，卻是父慈子孝一家和樂，一生平穩。人生缺憾各有不同，有人是肢體上的，有人是精神上的，亦多有人斤斤計較於物質上的。

在分析了各區塊以及各星座坐落之處的旺弱吉凶之後，最後才是看當事人的運勢走向，以及各區塊天干四化的情形，即可精確判斷未來的行運概況。同樣一張星盤，因爲出生年以及性別的差異，運勢走向便大有不同。如果以大限而言，無論順走或逆行，十年一個交替，不斷地往前爬格子，十二區塊攤開來恰似一條人間道，有的人是從甲地開始走向乙地，有人則是自乙地向甲地邁進。

那些不好的區塊，就好比旅途中的障礙，有人可以跨越、抵達終點，有人卻只能中途下車，星座廟旺就如同身強體健的人，可以排除困難，不至於元氣大傷；若是星座落陷又沒有會到吉星，就像體弱多病又無人相助，就算沒有跌落深谷，一路走來也是跌跌撞撞、鼻青臉腫。運氣不好的，打從出生開始，前途便是崎嶇難行、阻礙重重；運氣不錯的，雖也有險阻不好的區塊，卻有可能終其一生都不會走到。

十二個區塊雖然不多，但足以顯示一生的起伏，有高峰就有低谷，價值觀人人不同，有人只在乎輸贏，有人則是輸贏無妨，不傷和氣，開心就好。

分析要領二

東方星理學是使用太陰曆的算法，雖然和子平四柱一樣都使用農曆的生辰，但是星理學卻不需要像子平四柱那樣以節氣交接來計算生月。一個人的生辰是用以排星盤的根據，所以生辰的準確性甚爲重要，尤其是I時（晚上十一點到凌晨一點）出生者，更須注意是午夜的十二點之前或之後，因爲廿三點至一點雖是同一個時辰，但以廿四點爲界，前後已時隔一日了，若沒有加以詳查，差之毫釐失之千里，因此不得不慎。

時間	地支
23:00-01:00	Ⅰ
01:00-03:00	Ⅱ
03:00-05:00	Ⅲ
05:00-07:00	Ⅳ
07:00-09:00	Ⅴ
09:00-11:00	Ⅵ
11:00-13:00	Ⅶ
13:00-15:00	Ⅷ
15:00-17:00	Ⅸ
17:00-19:00	Ⅹ
19:00-21:00	Ⅺ
21:00-23:00	Ⅻ

分析之前，除了按前面所提及的步驟，依序查核之外，必須先詳閱總部區塊中所坐主星的長相、個性、及其人格特質，仔細研判；區塊中的星座旺弱有別，男女命格也有差異，相貌、個性、脾氣亦有分別，必須詳細印證無誤之後，才可開始論斷，否則星盤有誤，理論亦難合邏輯，弄得牛頭不對馬嘴，徒然貽笑大方。

總部區塊代表一個人的先天，其中所坐星座主宰著一個人的個性、人格特質、思想與心態，於外則表現該星座所特有的長相和身材。而分部則代表一個人的後天，是在三十五歲之後才會漸漸發揮作用。雖是如此，分部在命格上卻也具有舉足輕重的地位，不容忽視。

分部是總部的一個備位宮位（類似於副總統），尤其是當總部區塊中無主星坐鎮時，分部的星座必發揮作用，就像家裡若是爸爸不在，就由媽媽當家作主一樣。有時分部的星座若是強過總部，這個人的個性、特徵也會較趨向於分部，如同媽媽比爸爸強悍、能幹，則由媽媽來號令作主一般。

Ⅰ、Ⅶ時生人，總部、分部位於同區塊，總部和分部同區塊的人較具自我觀念，相當於沒有第二個職務代理人，或第二種想法，一切思想、特性皆以總部中的星座爲主。總部、分部區塊星曜較少者，則受到較少星曜之影響，思想、個性都較單一。

要瞭解此人不難，若是單一星曜，就像喝一口純果汁，立即知道是什麼口味；若是總部、分部有一大票星曜坐守，因受眾多星座之影響，其心性較令人摸不透，如品嚐一口綜合果汁，很難立即正確分辨其中的各種配料；而總、分部同區塊者少了一個影響的變數，所以自我觀念較重。

II、VIII時生人，分部落在欲望區塊。此區塊是一個人精神享受的宮位，同時也代表著一個人的福分厚薄。若是區塊內坐落吉星，主此人較注重生活情趣與享受，就算此人事業心很強，也不忘在工作之餘撥空消遣一番，或培養自己的嗜好，而且他就有這個福分可以忙裡偷閒。但若是欲望區塊內有煞星坐守，則代表這人容易過度操心、杞人憂天，心情放不開，常鑽牛角尖，明明大可放手給別人代勞的事，卻無法寬心而事必躬親，於是該做的不該做的，全部攬在身上自己做，無形之中徒增了許多勞碌而難得清閒。

III、IX時生人，分部落在行政區塊，區塊內若逢吉星，則主其人事業心較重，具有創業之雄心，有工作的熱忱，事業上自動自發，不需鞭策，不必擔心他會遊手好閒，有事業可做比什麼都開心，可從工作中獲得樂趣與成就感。但若是區塊內逢煞星坐守，則主其人事業常更動、不穩定，而且創業艱難，起伏不定，一波三折備受阻撓，事業上的挫折也比較多。

Ⅳ、Ⅹ時生人，分部落在外緣區塊，代表此人較外向，愛往外跑，而且必須離開出生地他鄉謀生。區塊內逢吉星坐守，此人在外的人際關係良好，而且外出多逢貴人相助；若是區塊內坐落煞星，則人際關係較弱，而且外出所遇挫折是非較多，因而奔波勞碌難免，如果當事人是家庭主婦或公家機構的員工，影響倒不至於太大，最多是人緣不佳、或人際關係較單純。但對於從事外交或業務、公關性質工作的人而言，那麼就倍感吃力了。

Ⅴ、Ⅺ時生人，分部落在財政區塊，代表此人奉行「人生以賺錢爲目的」，金錢觀念較重，若逢吉星，表示此人精打細算、善於理財，若是區塊又逢財星坐守，必然堆金積玉、富甲一方。但假若區塊內逢煞星坐守，則財來財去，花錢勇敢，守成不易，不善理財。

俗話說：「生死由命，富貴在天。」一切強求不得，命好不到貧家去，命窮難進富家門；吉莫吉於知足，苦莫苦於多願。雖說有錢能使鬼推磨，但有錢人的牽掛卻比別人多，「好了歌」說得好：「世人都曉神仙好，唯有金錢忘不了，終朝只恨聚無多，等到多時眼閉了。」

Ⅵ、Ⅻ時生人，分部落於婚姻區塊，代表此人感情自主，敢於爭取自己所愛。若是區塊內有吉星坐守，表示能擁有一個好配偶，而且另一半是自己的貴人，能受配偶之助。婚姻區塊內若逢煞星坐落，則會受到配偶的牽連拖累，這種情況下，擇偶可要睜大眼睛，寧缺勿濫，且不宜早婚，以免草率結婚抱憾終生。

總部代表一個人的先天及童年，分部則主後天，亦代表中年以後的情況，以及三十五歲之後逐漸發揮作用而產生影響。然而一個人的個性也會受到行運時大限總部星曜影響，也就是說，會隨著運勢的運行而有所轉變。我們不妨仔細觀察任何一個人，包括自己在內，十年前的個性、脾氣和觀念，必然和十年後的情形或多或少略有不同，甚至對事情的看法也有不小改變。我們常會說：「數年前我會如何如何，現在不行了……」或是「要是我當年的脾氣，我早就如何如何……」可見人的個性、思想會因時間、遭遇、或人生歷練而逐漸改變，就連相貌、身材等，都會產生或多或少的改變。

總部與分部區塊中的星曜旺弱未必一致，區別如下：

❖ **總部強、分部弱**：少年得志，而晚運較坎坷，或勞心勞力，是孤寂或傷病，須視其命格以及行運概況來判斷。

❖ **總部弱、分部強**：早年歷經滄桑，方得以苦盡甘來，晚年享福。

❖**總部強、分部強**：須視其行運旺弱再論其吉凶，因其根基穩固、韌性較強，縱使一時行運不佳，也能勉強度過，也就是所謂的命好不怕運來磨。

❖**總部弱、分部弱**：可謂先天不良，後天失調，一生多操勞，事事難以順心，行運大起大落，險阻重重，企圖心和續航力皆不足，縱然偶有所成，也難以守住。

分析要領三

東方星理學中的星曜，各有所屬，也就是每顆星都代表某種身分、且各有所司。例如軍師星為兄弟主，也就是代表兄弟；前鋒星屬子女；王爺星則有多重身分，需扮演多重角色，既代表官貴，又代表父星、夫星；皇后星是田宅主，又為母星，亦是妻星；貴妃星則為福德主。這些星曜特色在前一冊《東方星理學——單星篇》中已有詳述，瞭解了這些星宿的身分與職掌之後，對於落入總部區塊的個性以及六親狀況，便可有更深的體會了。

星盤當事人的總部坐落何星，可視為當事人被指派在人生舞台上所要扮演的角色，每個人都有所屬，當你的總部區塊落入某星，就等於你代理了這顆星座的身分和地位、包辦了它的職務，當然也要執行它的任務了。

舉例來說，如軍師星入總部者，因其佔了兄弟之星，因此兄弟的數目必少，除非奪佔兄弟主的當事人過繼給別人，否則當事人和親兄弟的緣分必然較淺。尤其需要注意的是，這種代表六親的星曜本就有奪佔的意味，更不利於加煞星，否則易造成刑傷。而軍師星是兄弟主，所以有百分之八十的機率是兄弟首先受到波及。

前鋒星爲子女星，前鋒星落總部的人，因爲佔了子女的星曜，因此子女必少，或是所生子女都是單一性別，並且非常疼小孩。前鋒星亦爲破耗星，因此不利加煞，否則也是先波及子女，或主先損後招。

王爺星落於總部，無論男女，事業星都很強，而且奪佔了父星，於是自己儼然一副一家之主的架勢，老爸只好一邊站了，因此和父親格格不入，難以溝通。既然不合，爲何又說王爺星落總部者孝順呢？因爲王爺星雖是奪其星曜，但並非要篡父親的位，而是基於孝順顧家，想替一家之主分憂解勞，只是因意見觀念不同各持己見罷了！王爺星落總部的女性，強勢能幹，亦奪夫星之權，難免不利婚姻。而王爺星同樣不利加煞，否則首先波及的必爲父親和丈夫。

任何星座都有優有缺，王爺星落總部者，事業心強、孝順又能幹，但同時辛苦又勞碌，爲家庭付出卻與父親緣分較淺、與夫寡合，可謂吃力不討好，因此王爺星喜照會不喜正坐。

皇后星爲母星，落入總部者，無論男女，與母親緣分較淺，不是相處多摩擦，就是聚少離多。此星亦爲妻星，於是對於男性來說，皇后星落入總部，代表異性緣好，但婚姻不順。此星也屬六親星座，不宜加煞，否則首先波及的當屬母與妻。唯一的優點，是皇后星落總部者不用擔心沒有不動產，除非房產區塊真的太差。

貴妃星爲福德主，坐落在欲望宮位才是適得其所，真正有福氣，若是落入總部，同樣是奪了欲望宮位的主星，其心性必然較懶散。因此不論男女，貴妃星落入總部者，一生中感情困擾較多，若是再加煞，福分受損，反而變得勞碌。所以在論命時，必須詳查總部、分部所坐主星的特性，及所奪佔的星座代表何種角色。

總部或分部無主星時，需借對面區塊的星座一用，但若總部有正學士、副學士、庫銀星、馬前卒、後衛兵、以及火神、旱神星時，就不能夠借用對面區塊的星座。

在借用對面區塊星座時需注意，只能把主星借過來，而不能將正學士、副學士、庫銀星、馬前卒、後衛兵、以及火神、旱神星等一併借來。不過主星中有四化者，則隨主星一同借過來。

星曜若是用借的，有時反而比正坐得要好。如借軍師星入總部者，其個性、長相、特徵都趨向於軍師星，但卻不能視爲奪佔兄弟之星，因此沒有對兄弟不利或緣分較淺的問題。而借王爺星或皇后星者，其孝順、顧家的特性依舊，各種特徵、心態都具備，但卻沒有與父母、夫妻緣薄的情況出現，奪與佔只用於正坐這顆星宿時才算。

借用星宿，是有此星的形象，就像把此星當成一個偶像或模仿的對象，形貌、作風雖極爲神似，但事實上並沒有眞正侵佔此星的地位。總部或分部無主星時，就像在區塊內放了一面鏡子一樣，照到了對面區塊的星曜，反映出一樣的星曜形象，但卻無實際的刑剋作用。

分析要領四

星盤裡的十二個區塊，其地支各具陰陽五行，眾星曜本身亦各具有陰陽五行，在論其旺弱之時，除了星曜與區塊內地支的陰陽五行互相生剋之外，同一個區塊之內，星與星之間的五行生、剋、制、化，同樣非常重要。

也就是說，區塊內只有一顆星，此星只要能適應該區塊的環境（即地支的陰陽五行），此星則旺弱立現；但若區塊內不只一顆星，那麼這些星曜除了看能否適應環境之外，尚須互相較量一番，勝者為王，勝者爲此區塊的主導。

各星是以其本身所具有的陰陽五行來一較長短，所謂的「生」，是指五行中，木生火、火生土、土生金、金生水、水生木，被生者爲廟旺，若是去生對方，則自己的元氣被洩，視爲「平」。此時若以陽來生陰，或陰來生陽，此爲剛柔並濟爲上吉。若是陽生陽、或陰生陰，雖然相生仍然屬吉，但較次之，畢竟天地造物講究陰陽調和，互補爲上佳。

所謂「剋」，即金剋木、木剋土、土剋水、水剋火、火剋金。但最好是陽來剋陰、或是陰去剋陽，因爲五行雖相剋，但陰陽卻相生，如同父教子一般，嚴而有情，管教他卻不會害他，代表先否後泰。

所謂「制」，即五行相剋而陰陽能相生者。例如近侍星屬陽木落在Ⅷ區塊，同區塊必有屬陰金的司庫星，Ⅷ區塊屬土，又是木庫，這代表陽木有根，而且土可以生金，所以司庫星和近侍星兩星皆旺。因爲近侍星本是惡星，陽木屬於高大的樹木，得司庫星的斧金（陰金）剋制雕琢後，反而可成棟樑之材。

又如同宰相星能制馬前卒、後衛兵爲從，能化火神星、旱神星爲用，所以煞星與宰相星同區塊，煞星反可爲我所用，只是穩重的宰相星會顯得更有衝勁，而不以凶論。宰相星就像一個消化系統很強的人，遇到某些不易消化的食物，別人吃了難消化，甚至深受其害，但消化好的人不但吃了沒事，還可消化分解並吸收其精華。

所謂「化」，如同火剋金而得土，成爲火生土、土而生金的引通之局，這是上上之局。例如屬陰金的司庫星入VII區塊，VII屬火，則司庫星被剋，但同區塊因爲有宰相星，形成了VII的火去生宰相星的土，而土又去生屬金的司庫星，如此一來自然化解了相剋之凶，成爲引通互補的局面，反而成好格。

星宿本身的陰陽以及五行，在《東方星理學——單星篇》已經介紹過了，至於區塊的五行，可以參看前書的列表，其中I、III、V、VII、IX、XI爲陽區塊，II、IV、VI、VIII、X、XII爲陰區塊，一陰一陽相間排列，如同磁鐵正負相接一樣。陰陽五行的生、剋、制、化，若以科學角度來看，可視爲相互間的磁場相容與否。五行相生，表示彼此磁場相合，如魚得水、相得益彰，若再加上陰陽調和的話，更是相輔相成。如果五行相剋，顯示爲彼此磁場不合，甚至互相排斥、互相牽制，使得彼此間格格不入、背道而馳，若陰陽又不調和，可說是水火不容、雪上加霜。

若能判斷各個區塊、各星曜的旺弱，以及彼此間的互動關係，看星盤分析時才不至於失誤，否則單憑一顆星的性質，是無法有效決定吉凶的。吉星位於廟旺處是錦上添花，而某星雖吉，但若處於不得地之處也是枉然，雖不是凶，但也無法發揮這顆星座的優點了。若是凶星處於廟旺之地，雖不以吉論，但總比落在落陷的位置，讓星座的負面特質更加強來得好。

因此，看星盤時若是沒有將旺、弱因素列入考量，那麼判斷時必定與事實相去甚遠，差之毫釐失之千里，不可不慎。

分析要領五

總部和分部區塊是一個人的根基，分析時必須先確認此人根基的強弱，再看此人的行運走向。就算同星盤、總部落入同區塊，但因爲男女以及陰年或陽年生人（出生西元年尾數爲單數，爲陰年生人；尾數爲偶數，爲陽年生人），以致大限走向不同，運勢亦有很大差別。

行限是以總部爲起點，但順行或逆行，其結果有天壤之別，運好，得天時地利，一路走來過關斬將、一帆風順，那些較差的運程有可能終其一生都不會走到。反過來，若是反過來走，有可能就舉步維艱、處處碰壁，甚至壯志未酬身先死，還沒等到開花結果、苦盡甘來的時候人生就終止了。於是，命好運差，時運不濟屢戰屢敗；命弱運佳，則小兵也可憑藉時勢成英雄，在風口上豬也能飛。

一個人的命格，不論富貴貧賤，在十二區塊中必有旺弱之分，所以在論命時，總部和分部的旺弱、吉凶固然重要，但格局也必須同時留意。

所謂「格局」，是一個形體所具有的團隊格式、款式、或是架構，就像一棟建築物的外觀呈現出的樣貌、以及內部所規劃的動線格局。格局有大小、美醜的區別，一棟房子即使材質、地段不錯，但卻有可能因爲格局規劃不理想，而無法令買主心動。因此好的房子，除了講究其材料配備、施工品質與坐落地段之外，若可以搭配設計巧妙的格局，必然身價翻倍、不同凡響。

因此若是有格局且不逢沖破者，財政區塊和行政區塊可以暫且不論。而若是成格，但逢破，就像美玉有瑕，這時才需要考量財政區塊和行政區塊的影響。**格局逢破，並不是原本該有的卻沒了，或是一敗塗地、變得窮困潦倒，而是此人依然有某些成就，但不如成格者穩固，必有某方面的瑕疵破綻**，因此要參考財政和行政區塊，看看是富而不貴？或是貴而不富？或是貧寒而清高。

格局高的，如同一棟具有藝術性或特色風格的房子，必然會因爲它的獨特性而增色、增值不少；一旦破格，就如同漂亮有特色的房子卻使用了輻射鋼筋或海砂，致使身價大跌一樣，必須就各方面條件再重新衡量估算價值，因此不可忽略了格局的重要性。

格局的好壞影響一個人的一生至爲深遠，一個具有豐功偉業、叱吒風雲的人物，若將其星盤排出，都少不了具有某些不錯的格局；而一個揮霍無度、慘敗起伏的人，也必然擁有一個奇爛無比的壞格局。若是介於二者之間的格局，終其一生可能都是平淡平穩、沒有太大起伏。當然好與壞並不能以其成名與否來界定，大人物日理萬機，所肩

一
總部區塊

負的重任必定比一般人更多更重，人生亦更奔波勞碌；如我等凡夫俗子，一生庸庸碌碌雖沒有大成就，但也沒有大的災難波折，心境顯得悠哉。因此好與不好，端看每個人的人生觀和價值觀而定。

東方星理學的星盤架構共有六種組合，而星盤共有十二個區塊，每一個區塊都可能是總部，所以相乘之下共有七十二種變化。每一個總部、財政區塊、行政區塊的組合各不相同，成就自然也不一樣。或許有同樣星盤、總部位置相同者，其中一人可能是個赫赫有名的人物，另一人可能只是泛泛之輩而已，這中間的差異就必須從「格局」中才能尋得答案。

除了總部、分部以及格局之外，運勢亦佔有重要的一環。像是總部、分部都居於平和之地，三合也不錯，本是平常之人，但行運逢連珠格，配合得巧妙如及時雨，就像一輛普通車，一出發就上了快速道路而直奔高速公路，天晴路況佳，加上一路空曠不塞車，得以順暢直駛至目的地，此爲時勢造英雄，與命格無關。

總部、分部居陷地，逢煞星沖破，三合又無吉星相助，本來就屬無依無靠、傷夭之命了，但行運忽逢眾吉星相會，大難不死、關關難過關關過，橫發一時，一運十年或二十年，風光異常、得意非凡，但終因本命不佳、根基不穩，運過就一敗塗地，或因意外而亡。這就像一輛性能極差的破車，搖搖擺擺開上路，沒遇到快速道路，幾經波折驚險的駛過崎嶇小徑，終於奮力開上了高速公路，於是一路順暢得以與眾車並駕齊驅，但終因性能不佳，不堪長途奔馳，所以半途就因機械故障而拋錨，被迫中途停頓。

若是根基不錯，如皇帝星、宰相星、庫銀星、座騎星都在三方的格局，宛如此人出生榮華富貴之家，基業雄厚，但因行運至中年或老年時，忽遇澇神星、糾纏星、四煞星等惡曜會集而引起敗家破產，或聲譽掃地等變故，這好比開著一輛名牌車，性能馬力一流，馳騁於康莊大道上，上山下海無往不利，卻因在回程時遇到不良路況，因不及閃避而發生了意外，弄得車毀人傷，此乃運也，非命也，論命時需特別注意，以免失誤。

一般而言，命格較高者，多屬於晚發型，所謂「大器晚成」便是如此。前半生忙忙碌碌、辛勞艱苦，雖然在財富上的成就不理想，但在艱苦之中所累積的種種經驗以及磨練，卻是奠定日後成功的必要條件。

人生變化無常，若無堅毅的耐力，將無法通過人世間種種的考驗而生存下來，這種耐力並非天生具備，或一朝一夕得來的，在生活中若能將種種的挫折與不如意，視爲一種成功前的歷練而坦然接受，不被擊敗，能擁有這樣百折不撓精神與毅力，實則已勝於事業與財富上的世俗成就，這樣的人，於日後成功之時，也更能珍惜他辛苦拚搏得來的成果。

反倒是命格普通之人，某些受運勢的影響，早年得意，但往往得來容易而不加珍惜，以致晚年破敗無法守成，來去一場空，事後怨嘆，怪時也、運也，非我僥倖也，那才眞的可惜！

分析要領六

人的命格，受先天福分及後天的家庭背景、社會大環境之影響，而有不同的際遇。試想同一個生辰八字者，何止上百人之多，但仍會因個人後天生長的環境不同而有所差別，就算是一對雙胞胎，他們不但是同一家公司出品，並且還生活在同一個環境之下，但將來求學時卻也未必會選同一個志願，不見得同時結婚生子，當然人生的際遇也大不相同。

關於同一個生辰八字，卻各有其不同的人生遭遇，原因歸納如下所述：

1 **性別**：雖然同樣星盤、同樣主星入總部，因男女有別，行運方向亦不同，使得人生路途截然不同。

2 **智慧**：不同的遺傳基因產生不同的智商，對同一件事情的判斷不同，結果當然會不一樣，一個人的智慧差異卻不是星盤中看得出來的。

3 **出生地**：某些星曜入總部者，會因其出生地之方位，而產生吉凶不等的影響。如火神星、旱神星入總部者，利東南方出生的人，不利西北生人；而馬前卒、後衛兵星則相反。論盤時如果連當事人的出生地經緯度都不注意或校正，那麼看了再久也是枉然。

4 **家庭背景**：同一個生辰的人未必有相同的家世，其生長的環境亦有差別。生活方式有別，所受教育程度亦不相同，因此不能相提並論。

5 後天因素：當事人品格與修養不同，對日後的行事作爲上必有深遠影響，造成的結果自然有落差，此屬人爲上的因素。

同一個生辰，有的能當將軍，有的可當屠夫，所以星盤分析絕無百分之百的準確，當您越瞭解當事人的身世背景，就越能掌握這張星盤的趨勢走向。

當您手握星盤，劃分各個區塊之星曜、五行旺弱以及諸星之性情後，斷事自然不難。然而在論命之時，當存隱惡揚善之心，需口下留德，若悟出任何隱情，應謹言爲要。如家庭、夫妻、父子等對待關係，可一表而過，略爲示意即可，切勿揭人隱私而沾沾自喜，有損道德。前來諮商詢問的人，多半是因爲有了感情、事業、健康等等難以抉擇取捨的困擾，或是在這些方面出現了某種程度的危機或不如意，心中可能正承受著煎熬與衝擊，甚至六神無主不知如何是好，因此論命者一字一句都需委婉謹慎，且站在對方立場著想，提供有建設性的意見，絕不可加油添醋、危言聳聽，否則若導致當事人方寸大亂，甚至做出不理智的事情，豈不是雪上加霜？

但有關當事人不利之事，如災病、破財、是非、安危等等，則必須給予明確的提醒，以利防範。

論命時，看星盤的順序依次是：

1 先看總部、分部兩區塊，以及對面區塊和三合的區塊，此為決定性的團隊。

2 再看財政區塊、行政區塊。

3 觀察大限、小限落於哪一個區塊，以及對面區塊和三合區塊的組合，這是分析行運際遇的依據。

4 大限的走向以哪一個區塊最強勢？哪一個區塊最弱勢？現行大限如何？今年小限如何？太歲流年又如何？依序逐漸縮小範圍，千萬不可一步到位，以免離軸太遠。

然後再以安斗君法訂出正月，即可按部就班、熟能生巧。未達情況，切勿妄下斷語，以免誤判而損人不利己。經驗是非常重要的一環，畢竟你我都無法否定後天「道德行爲」因素的存在，這在星盤中是無法顯現出來的。

欲成爲一位稱職的星盤分析者，除了東方星理學的基本知識要熟習之外，日積月累的分析實務經驗也非常重要。然而在這些專業知識之外，分析者亦須時時不斷充實自己，並訓練、培養敏銳的觀察力、周詳的分析能力、以及冷靜沉穩的態度，對於加強生活知識和資訊新知亦不可忽略。例如對於人性面的瞭解，所謂一種米養百種人，人的內心世界複雜難測，若能加強心理學的知識，對於判斷當事人的心態亦能有相當幫助，不致在尚未分析之前，因當事人有意無意地隱瞞而被誤導。

分析者必須時時注意社會動態，以及各方資訊，畢竟前來諮商詢問者範圍廣泛，士農工商各行各業皆有，若自己對於社會狀態都不理解，如何能與當事人溝通，甚至提供適切的因應之道呢？有時也須考慮國情以及地方性的差異，才能做出更準確的判斷、給予更符合實際的建議。否則只顧及專業理論，而沒能因時、因地、因人來加以考量，縱使是按正確理論來演繹推斷，但與事實卻可能有所出入，亦無法提供有效解決之道，不切實際、不食人間煙火，就算理論再強也沒有用。

因此，東方星理學是一門靈活的「心理學」學問，不是生硬的法規條文，千萬不可死背，必須靈活運用，若能將之生活化，對人類而言，未嘗不是一項了不起的貢獻。

手足區塊

兄弟姊妹爲六親之一，在過去的農業社會，兄弟的地位不容忽視，因爲處在勞動型態的農業環境，大家庭甚爲普遍，家中成員息息相關，兄弟越多家中的幫手越多，生產力越強，做任何事都不用獨力承擔，大家互相關照之下，在人生中、社會上也不至於孤獨無依。

隨著時代潮流的變遷，社會形態的轉變，以現今社會而言，生活方式與往昔大爲不同，大家庭已不多見，就算有手足，但人人自成一體，各自有獨立的生活圈；而近來邁入科技時代，講求效益和效率，人際往來更疏離，不婚不育者成爲常態，就算結婚，願意生一個已屬難得，生兩個甚至以上者已不多見，因此年輕一代極少擁有眾多兄弟姊妹，手足區塊的重要性也就漸漸式微，甚至朋友比手足還要親。

手足區塊位於總部的相鄰區塊，顧名思義，它代表了兄弟姊妹，因此依照區塊內所落星座，可以顯示出當事人與手足間的緣分與情感互動。

不過手足區塊不單只看與手足間的互動，它也是基因區塊的婚姻位，同時也是朋友區塊的外緣位置，一個區塊扮演了許多重要角色，必須靈活運用才能理解，而這也正是東方星理學的奧妙迷人之處。

手足區塊的含義涵蓋六個重點：

- ❖ 兄弟姊妹間的互動狀態。
- ❖ 直接影響朋友區塊。
- ❖ 間接影響總部運作。
- ❖ 分析父母之間的互動狀態。

❖ 與婆家、岳家之間的互動關係。
❖ 手足區塊的主星特性分析。

1 兄弟姊妹間的互動狀態

手足區塊內星宿的好壞代表與兄弟之間的相處情形。區塊內的星曜性質較柔和，如貴妃星之類，則表示當事人與手足間的感情好、緣分深厚；手足區塊的三合無煞星來沖的話，兄弟對於當事人的要求則是有求必應。

若區塊內星宿剛烈，例如司庫星、將軍星，則手足間各自爲政，較嚴重者甚至一言不合大打出手，形同陌路。若再逢煞星或滂神星、糾纏星，則兄弟必損，且煞多損多，可能損於幼年，或損於成年，需視行運而定，且於大限手足區塊凶，或區塊天干爲（5）軍師星加阻礙星時較爲明顯。

手足區塊反映出的好壞對待關係，是指當事人對手足如何，而手足對對當事人如何，則以手足區塊的四化來決定。男命的手足區塊代表與其兄弟間的對待關係，而對面區塊的朋友區塊則代表與姊妹間的對待關係；女命則反之。

2 直接影響朋友區塊

手足區塊與朋友區塊在星盤上位於相對的位置，互有影響，因爲任何一個區塊的對面，都隱藏著該區塊的吉凶。例如：總部在XI位落入近侍星，其手足區塊必爲X位皇后星，對面的朋友區塊則爲IV位的貴妃星，手足區塊爲柔性星座坐守，該區塊星宿旺且對面星宿亦佳，三合無煞來沖，則兄弟之間必然親密和諧、互相扶持；若是對面區塊有惡煞坐守對沖手足區塊，則手足區塊便逢破，表示兄弟間的和諧只是表面而已，仍符合手足區塊內皇后星的特質，但實則互動暗潮洶湧，一旦遇有重大事故，恐只會自掃門前雪，並無手足助力，此即表現出對面區塊的隱藏性質了。

反之，如手足區塊落凶星，但朋友區塊佳，則表示兄弟有損、相處冷淡，或對待關係火爆，需視星性而定；但因對面區塊不錯，所以還不至於被手足暗算。

最糟的莫過於手足和朋友區塊一線皆落凶星，不但兄弟必損，而且手足無情、明爭暗鬥，甚至可能兄弟鬩牆、互扯後腿。

古往今來，因爲各種利害關係及利益誘因，此類手足不睦事件多不勝數。至於說手足區塊好，是如何好？或是哪一方面差？須參考區塊內的主星性質而定。而手足區塊即使星宿柔和無煞，但對當事人是否有助益？也得參考星座廟旺與否以及四化而定。

區塊內無主星，則借對面區塊的星宿一用，若星曜落陷無力，或是吉星逢澇神星、僞裝星也是無用，表示兄弟心有餘而力不足，本身都自身難保了，更別說有能耐來幫助當事人了。整體而言，手足區塊內落入皇帝星、宰相星、總管星、王爺星、皇后星、軍師星、監察史星、貴妃星、正學士、副學士、科舉星、貴人星等等都算不錯；坐司庫星、使節星尙可，雖偶有爭執，未必有害；若是落入將軍星、前鋒星、近侍星、密探星以及四煞如馬前卒、後衛兵、火神星、旱神星，則較爲不利。

閱讀至此，手足區塊好的勿喜，差的勿憂，因爲好壞並非一生一世皆如此，歲月是流動的，星盤會隨著年齡而轉動，人情世故亦會隨著時光流逝而產生變化，人的脾氣習性更會因大限的轉移而受影響。

基本手足區塊的好壞，只表示童年與兄弟的互動狀態，及一生大略的對待概況，所謂十年風水輪流轉，總會輪到該區塊好的時候。其實人與人之間的緣分最好不計以往、不論將來，重要的是把握現在，也就是現行大限的手足區塊狀況，情況好則樂觀其成，並加以珍惜；若是不好則減少接觸機會，避免摩擦，忍讓包容，畢竟手足之間是血脈相連的，弄得反目成仇、手足相殘，使得親者痛仇者快，何必呢？

3 間接影響總部的運作

手足區塊與基因區塊爲總部的左右輔佐，是與總部緊密相鄰的區塊，如同架在當事人左右兩旁的臂膀一樣，因此對總部會產生扶持與否的間接影響。例如，總部爲軍師星和皇后星在III位，其基因區塊必有皇帝星和近侍星坐守，而手足區塊必爲宰相星，兩大主星分立於總部左右兩旁，相當於兩條有力的臂膀扶持著當事人，左右有靠，在人生路上可省力不少。

因此在人生旅途中，無論多麼坎坷，身旁的親人絕對不會坐視不管，父母與手足總會適時地給當事人最有力的援助，尤其是在幼年時期走第一大限時更加明顯，猶如一朵溫室花朵般嬌貴，全家人呵護備至，令人羨慕。

若是只有基因區塊或手足區塊一方好，另一方爛透了，就像放掉一條扶持的手臂，立即失去平衡，這就較前者吃力許多，形成單靠一方的助力，力量亦是有限。

若是左右兩個區塊遍佈煞星，姥姥不疼舅舅不愛，左右無靠，等於六親無依、孤立無援，只能自食其力，自立於外地了，成長過程必然辛苦。

因此一個人的命格高低好壞，除了視其總部以及三方的好壞之外，身為其左右的區塊，其重要性亦不容忽視。

4 分析父母之間的互動狀態

手足區塊為基因區塊的婚姻區塊，因此若以男性來看，基因區塊代表父親，手足區塊便代表母親；反之，以女性論之，則基因區塊代表母親，手足區塊代表父親。而父母間的對待關係是否和諧？必可由當事人的手足區塊中一覽無遺。

資源星代表增加，若手足區塊之中有資源星，除了表示手足增加之外，其父母的夫妻也有增加的徵兆，增加的方式有明、有暗，有正式或非正式，以及認義父母等等不同形式，需再參考區塊內星性及三方的吉凶而定。

但在論盤時，卻不能僅憑手足區塊有資源星，就十分肯定當事人的父母一定會增加，亦有例外的情況。例如，手足區塊除了資源星坐守之外，還有涝神星或僞裝星落入，或有多顆煞星來沖，此種情況就未必有增加的事實存在，反而是生長在不幸福、不溫暖的家。

手足區塊落入資源星，而當事人的父母也確有增加的情形之下，就須研判是何種方式的增加，如當事人爲軍師星入總部，或總部無主星需要過房離祖的情形，那麼認義父母的可能較大；再者，所增加的到底是父或母，則以當事人爲男命或女命來判斷，便可知其手足區塊到底是父增加或母增加了。

5 與婆家、岳家之間的互動關係

手足區塊的次一區塊是婚姻區塊，因而以婚姻區塊而言，手足區塊爲其基因區塊，也就是代表配偶的父母，區塊內星宿的好壞可以顯露出當事人與公婆或岳父母之間的感情好壞。

以男性而言，其婚姻區塊爲太太，因此手足區塊代表了太太的基因區塊，也就是太太的父親，自己的岳父，而對面的朋友區塊則代表了岳母。反之以女性而言，其婚姻區塊代表先生，因此手足區塊代表先生的母親，也就是自己的婆婆，對面的朋友區塊也就是先生的父親，自己的公公了。

如果一個人的手足和朋友區塊很好，無形中便能夠減少許多婚姻問題，婆媳之間或岳婿之間感情融洽親如一家；如若手足和朋友區塊不佳，並有煞星坐沖的話，那麼婚後最好自組小家庭，以避免許多不必要的摩擦和紛爭，甚至衍生出更多家庭問題。

一般而言，女性的手足和朋友區塊不佳，會比男性來得更不利一些，雖然時至今日社會風氣已不相同，但婚後與公婆同住的機會仍大於與岳父母同住，女性的手足和朋友區塊不佳，避免必須婆媳過招，若又嫁了一個孝順顧家的先生，恐怕困擾會比男性要多了不少。

同樣地，若是手足和朋友區塊不佳，其對待關係也並非永久如此，隨著運勢的轉變，其相處對待關係也會改善。原因不一，可能是個性變了、有孩子緩和關係了，或是經濟基礎更好而身價看漲了，需視行運概況才能加以研判。

同理，手足和朋友區塊好的，行運中若有凶星落入手足和朋友區塊，則原本的和諧狀態，也會在該大限因爲某件事情的發生而引發衝突，導致關係惡化。因此在分析時，不能把手足區塊的情形單一的看作手足間的事件，而忽略了這個區塊所代表的其他角色。

例如，在論及當年的流年時，見流年的手足區塊不佳，但觀察目前所行大限的手足區塊卻很平穩，反而是大限的婚姻區塊較差，此時可以研判應是公婆或岳父母有事的可能性較大。如果沒有注意到這種區別，則判斷結果將與事實相去甚遠，恐會使得當事人因錯誤的訊息，而搞錯了應該加以防範的目標，宜審慎之。

6 手足區塊的主星特性分析（女性則以姊妹論）

軍師星：軍師星入總部，兄弟必少，若軍師星入手足區塊，兄弟間必有人過繼或認義父母。旺地手足親和，陷地則不同心；若加煞星，兄弟間互扯後腿。

皇帝星：皇帝星坐守手足區塊，兄弟間必出貴者，可以讓你依靠或主動照顧你。皇帝星單守主孤，若逢滂神星、糾纏星則主代表刑傷或破敗；若遇座騎星則代表各奔前程。

王爺星：王爺星主貴，坐守手足區塊代表兄弟富貴。旺地主社交能力強；有煞星而陷落，兄弟恐不成器。

司庫星：司庫星入手足區塊本無助，亦不宜共事，彼此任性、偏激。如逢正副學士星可中和；如會合將軍星、前鋒星或馬前卒星，可能因財起衝突。

貴妃星：福星坐守手足區塊，手足相處和睦。若加煞星，代表表面和善、私下暗鬥，有事互相推託，分開居住較好。

使節星：坐守手足區塊一般感情尚稱融洽，若加左、右護法星，感情時好時壞。若逢近侍星或前鋒星，主分居不合；遇煞星時則容易反目成仇或受兄弟牽連拖累。

宰相星：主兄弟多才多藝，手足間必有人從事公職，彼此照應，且不拘小節。若會合澇神星、糾纏星，兄弟需要自己的資助；不宜會到才藝星、鬼魅星，主明爭暗鬥。

皇后星：旺地主兄弟緣厚，若加資源星、顯耀星，則兄弟富貴且多才華；陷地或逢煞，兄弟意見難和諧。

近侍星：兄弟間彼此各懷鬼胎，宜分居以免失和。加上科舉星、貴人星，代表狼狽爲奸；近侍星若入陷地，可能有異胞兄弟或領養他人之子。

密探星：彼此不合、多口舌爭執，意見難以協調，兄弟各自爲政，只能付出，少有回饋。若密探星入V位或XI位且無煞，代表兄弟創業有成。

總管星：兄弟情深。若逢庫銀星，代表兄弟橫發；加煞星，孤獨無依。

監察史：兄弟間長幼有序、互相尊重，婚後亦不受影響。遇刀械星會煞，主兄弟爭訟；遇軍師星，各持己見，再加煞則必有糾紛。

將軍星：兄弟多卻無益，各自為政。加上左、右護法星，代表刑傷；加科舉星、貴人星，代表兄弟顯貴；加上正、副學士星，遇為難時仍可團結。

前鋒星：前鋒星亦為耗星，代表骨肉離散，自己常居長位。與吉星相配，兄弟可靠；若加煞，彼此互不相容。

阻礙星、**煞星**、**澇神星或糾纏星**：兄弟姊妹必有所損。

科舉星、**貴人星或顯耀星**、**資源星**、**掌握星**：總部必須有主星且旺而無破，才能得到兄弟之助；若是總部主星落陷或逢沖破，本身力不從心，則助也枉然。

婚姻區塊

世上沒有人可以清楚貼切的詮釋中文「緣」這個字，但我始終相信「緣」是老天註定，「分」更是可後天人爲。相逢最美，人與人的相遇，靠的就是一種緣分。

人生最難的是相知的心，最苦的是等待；最完美的幸福是彼此相知、相惜，以及包容的相伴，最珍貴的是眞心相待與分享。

男人的魅力不在他有多少財富、長得有多帥，而是遇事有多大的擔當與責任。女人的魅力不在外表長得多漂亮、身材多姣好，而是有善良的性格與一顆凡事包容的心。

這個世界沒有誰對不起誰，只有誰不懂得珍惜誰。而婚姻，就是兩人合演的一齣戲，差別只在於演得投不投入？是心甘情願，還是同床異夢？

無論是愛戀、思戀、單戀、迷戀、自戀，或是黃昏之戀，在感情的路上，有人一帆風順，第一次戀愛就步入禮堂；有的人情海擺盪起起伏伏，亦有人是塵沾不上心間，情牽不到心中。感情世界中，多少人浮沉其間，酸甜苦辣各色滋味，盡在個人心中。徘徊於門外不得其門而入的人覺得人生是黑白的，進入其中瀟灑走一回的，覺得人生是多彩繽紛的；而迷失其間、載浮載沉的人，則感嘆人生從此是灰色的。感情的順逆，影響一個人的心境、生活步調與生活品質，它可使人神采奕奕容光煥發，也可使人失魂落魄，終日茫茫然追尋。

在東方星理學中，婚姻區塊是觀察一個人的感情生活狀態，並且是針對兩性之間的情感部分。舊時婚姻多是媒妁之言父母之命，沒有什麼戀愛發展的空間，婚後，對女性而言更沒有什麼選擇的餘地，大多忍耐度過一生，因此在古法理論中，婚姻區塊對女性來說尤爲重要。

隨著時代的轉變，民風開放，女性自束縛中逐漸解脫，在男女平權、女權得以伸張的現在，兩性的家庭、社會地位已漸漸拉近距離，女性有婚姻的選擇權，可以順心遂意的與意中人共組家庭；至於在婚姻中遭遇挫折的，也多可接受「有緣成一雙，無緣的湊兩對」，各自再次尋覓幸福的現象亦不少見。

而今的婚戀觀更是大不相同了，不講究慢慢觀察、細水長流，連談感情、婚姻也講求效率和效益，合則聚、不合則一拍兩散，互相不耽誤追求更美好的將來。也因此，婚姻區塊的論法應與過去有所不同，必須加入時代背景、社會風氣加以評估，方能準確論斷。

婚姻區塊的含義涵蓋六個重點：

❖ 感情互動狀態。
❖ 分析婚姻順逆趨勢。
❖ 影響行政區塊（事業）的順逆。
❖ 配偶的個性與長相特徵。
❖ 不利婚姻的看法。
❖ 婚姻區塊的主星特性分析。

1 感情互動狀態

婚姻區塊在婚前看感情，婚後則看夫妻間的相處默契，亦代表自己對配偶的好壞；而配偶對自己如何，則看婚姻區塊內的四化情形。

婚姻區塊內不宜坐落過旺或剛毅的星曜，例如，總管星入婚姻區塊，代表和睦、感情融洽；若落入火神星，則與配偶間的互動則必較爲火爆。星盤中的婚姻區塊，是看當事人與元配之間的互動狀態，若是二婚，則應看大限的婚姻區塊來分析夫妻間的對待關係。

婚姻區塊內若有資源星或近侍星，代表配偶有增加的可能，至於是何種情況的增加，須參考區塊內主星的性質及當事人之命格方可論定。例如，婚姻區塊內同時有正、副學士星，代表同時擁有；若區塊內同時有王爺星和皇后星，主一明一暗；若是婚姻區塊不佳，卻又具備增加的條件，多是舊的不去新的不來，或是有鳩佔鵲巢的可能。

婚姻區塊有掌握星落入，表示配偶掌權，對當事人管東管西的；顯耀星入婚姻區塊，代表另一半外型亮眼；若是阻礙星入此區塊，則此人在感情路上較爲波折，可能是婚姻波折多或過程不順利，甚至是非爭吵不斷。

婚姻區塊的狀況並非一成不變，同樣會隨著大限的移動而轉變。因此，好壞都有機會，只不過固定的婚姻區塊很好的，在行限婚姻區塊不佳時較能經得起考驗，運勢一過就恢復；若是基本婚姻區塊逢破或有煞星坐守，較易出狀況或有聚少離多、生離死別的傾象，需視區塊內星性，以及三合區塊、和現行大限總部的星宿組合而定。

2 分析婚姻順逆趨勢

一個人的婚姻美滿與否，與其總部星宿密不可分。例如，陰陽顛倒，如果男性的總部落入皇后星，女性的總部落入王爺星，分別奪佔了其配偶的星座，其本身磁場便與配偶產生衝突排斥，因此要擁有一樁美滿的姻緣，談何容易？另外像是總部或是婚姻區塊落入軍師星加密探星、貴妃星加密探星、司庫星加煞星等等，均屬不利婚姻。除此之外，亦有因爲四化問題所形成的原因，如行政區塊有阻礙星沖婚姻區塊，若是恰好婚姻區塊不佳，代表欠缺配偶、姻緣較晚出現，或是做個單身貴族也不錯；若是婚姻區塊星宿不錯，則會在心態上比較疼另一半，如同欠他的一般。

因此，婚姻區塊的好壞，只是代表夫妻之間的相處對待關係；而命格所具備的不利婚姻組合，其影響遠較婚姻區塊不佳要來得更嚴重，在這些不利婚姻的狀況下早婚，則婚姻較難維持。

有關婚姻的順逆，仍須就婚姻區塊的三合列入考量。行政區塊爲婚姻區塊的相對區塊，若有煞星坐落來對沖，視爲外來因素造成對婚姻的不良影響；婚姻區塊的三方若有煞星或澇神星、糾纏星來拱，屬外來的不可抗力因素，而造成的影響百分之九十爲死別。

若在婚姻區塊左右兩區塊有煞星或澇神星、糾纏星來夾，屬於來自周遭的阻力，如兄弟、子女所造成的不利影響，此種較屬於生離的情況。

因此，夫妻婚姻的順逆，取決於總部主星的特性：

1 格局問題（先天人格特質）。
2 行運運題（大運走勢）。
3 婚姻區塊和行政區塊（相對區塊的影響）。
4 拱或夾婚姻區塊（外在因素的導向）。

3 影響行政區塊（事業）的順逆

婚姻和行政區塊爲相對一條線，因此婚姻區塊的好壞會間接影響事業發展。如果婚姻區塊有煞或有阻礙星對沖行政區塊，不但在感情上挫折是非多，而且會造成其事業上波動較大，創業不易，且工作不穩定、常變動。

行政區塊或婚姻區塊星宿組合的優劣，會直接影響未來的人生觀及對婚姻的看法。例如，司庫星加宰相星同入Ⅰ、Ⅶ位總部，其行政區塊必爲皇帝星加總管星，婚姻區塊則必有前鋒星坐守，對男命而言，此種格局事業心強，大多會投入大量的精神與體力於事業方面，因而忽略了感情生活，以及夫妻間的互動情趣。久而久之，感情出現裂痕，風波隨之而起，而其婚姻區塊有前鋒星坐守，恰好反映了婚姻上所顯示的波折。若此格局爲女性，同樣是事業心極強的女強人類型，除非其星盤中的分部居於婚姻區塊，那麼此人還會尊重配偶的意見，否則婚姻亦難和諧。若再逢運勢行至婚姻區塊中落入不良星宿的組合時，這段婚姻恐在這個大運內發生危機。

現今的婚姻組合多爲雙薪家庭，女性在職場上表現不遜於男性，甚至更好。女性在家庭中身兼多重身分，是媳婦、妻子、也是母親，在工作上更是員工、或是主管老闆，家庭和工作同時兼顧十分不易，因此離婚率日益增高，晚婚或是不婚更可能成爲未來社會常態。

4 配偶的個性與長相特徵

未婚時常常都會好奇：「不知道我未來的另一半長得什麼模樣？個性好不好？」大部分人更是認爲「我一定要遇到如何如何的人才要結婚、如何如何的人我絕對不會考慮！」但你所欣賞的類型或是偶像，與和你手牽手一起步上紅毯的那個人極可能大不相同，然後總是在婚後才猛然發現，眼前的這個人似乎和當初設定的目標差異甚多！

難怪總是說：戀愛是盲目的，談戀愛時，男女雙方很自然地都會將自己最美好的一面呈現出來，隱惡揚善，缺點盡可能隱藏，等到時間久了，才能慢慢看出對方的本性和優缺點。

而若想從自己星盤中瞭解另一半的長相和個性，從婚姻區塊和行政區塊來分析是可以八九不離十的。

前面提到，婚姻區塊是代表與配偶之間的對待關係，而其對面的行政區塊，才是代表配偶的長相與個性；如果行政區塊沒有主星，則借對面的婚姻區塊主星來看。例如，婚姻區塊坐近侍星，行政區塊坐司庫星，則未來配偶的長相及個性，以司庫的星性來論。不過這並不代表你未來的另一半一定是司庫星入總部或分部，只是另一半具有司庫星的特質而已。當然，若是配偶的總部、分部恰好也落入司庫星，也就是配偶的總部、分部星宿，與自己婚姻和行政區塊的星座相同的話，那可真是天作之合。表示與配偶的思想與觀念非常接近，意見容易溝通，婚姻比較禁得起考驗。

不過此種看法只限於原配，若有第二春，則第二任的長相、個性，由其大限的行政區塊來論之。

5 不利婚姻的看法

婚姻區塊主掌男女婚姻之事，兩人是否偕老或生離死別，當視此區塊的旺弱，以及是否逢煞星沖破來定。自古以來常聽到的「男剋妻、女剋夫」，多半是總部坐馬前卒星或有密探星或破耗等惡曜，再加上婚姻區塊主星落在陷地又逢破。這些情況最不利於配偶，也是基於本身命格的問題所造成的。

例如，若自己是煞星入總部者，因其本身就具有刑傷的力量，至於刑傷何人，須衡量各宮旺弱及星宿優劣的情形而定。如果此時婚姻區塊也是陷弱不堪，則首當其衝受害的必然是婚姻。

另一種情形屬於總部或婚姻區塊落入不利婚姻的星宿組合，如前所述；或是總部中的星宿廟旺且吉，但婚姻區塊卻有惡煞坐守。這類組合，並非剋夫剋妻，大多是易逢夭折之配偶，或是因一時衝動，在不對的時間遇到不對的人，而造成「因不瞭解而相聚，因了解而分離」的結果。

也有夫妻本是兩情相悅，卻因環境之故，終不能攜手白首，此種情形爲行運不佳，或婚姻區塊的左右區塊出了問題，使得外來因素造成的結果。

再者亦有總部組合平常，但行運逢婚姻區塊大好，代表此時忽逢佳偶，且因婚姻而得對方助力，但終因自身力量不夠，外華內虛，外型俊美但內涵不夠，或學識、習慣差異太大，只好黯然分手。

也有總部好、婚姻區塊也好，可惜婚姻區塊的三方四正有四煞聚集來沖，且無制，代表兩人本是情投意合，但卻因外來的惡意攻擊算計，結果落得不和分離的結果。

若是總部和婚姻區塊都好，行運的婚姻區塊也不錯，但行運中的婚姻區塊突逢眾凶星聚集，此種情況代表夫妻感情不錯，卻遭逢橫禍導致死別，這並非本命有剋，多是因對方本是夭折之命，卻透過自己的星盤的運限顯示出來罷了，可說是天妒良緣。

因此，構成夫妻刑剋的原因其實有內在與外在的因素，以及命格和運勢的影響。在研判時，必須謹慎地一一加以考量。

舉例來說，皇帝星和宰相星同入總部者，多孤剋，亦主刑剋夫妻。若是這兩顆星同入III、IX的婚姻區塊中，代表晚婚，或是早婚卻得兇悍的另一半；亦有可能早婚並可得另一半助力，但卻無生育；或早婚而分離、晚婚但志趣不合等等，皆屬於美中不足的情形。

若是總部位於I、VII位而無主星，但婚姻區塊有軍師星和監察史星同入者，代表配偶賢良，行運本身逢煞，多喪偶。這是因爲軍師星和監察史星一遇到煞星，主早刑晚孤，有刑剋的意味，這樣的組合入總部或是婚姻區塊，其配偶皆首當其害，已不用論其婚姻區塊的吉凶了。

若是總部爲皇后星位在IX位的男性，或是王爺星在III位的女性，因總部星座已屬陰陽顛倒，而婚姻區塊又逢王爺星或皇后星，陰陽反坐，又旺過於自己的總部星座，不利婚姻的現象更爲明顯，若再加煞，多主分離。

婚姻區塊在婚前是看戀愛狀況，因此我們可從星盤的婚姻區塊看出當事人何時戀愛、何時結婚。一般說來，一個人的適婚年齡多在運行第三大限之時，第二大限則屬早婚。而早婚有一些必備條件，例如可能是總部有姻緣星，桃花星入總部者或行運中婚姻區塊引動較早者，容易早婚，不過好與不好論另當別論。

因此在判斷時，必須先確認當事人屬於上述哪種類型？再看姻緣約莫落在第幾大限？至於此人何時成婚，可再觀察是否具備以下幾個結婚要件：

1 大限總部的四化是否引動本命或大限的婚姻區塊，也就是四化是否落入婚姻區塊。

2 大運總部有姻緣星對照。

3 流年的姻緣星入總部或分部。

若是具備以上三條件時，再由大限的婚姻區塊來研判有無四化或煞星坐守：

1 婚姻區塊內星宿穩定，且有資源星、掌握星、顯耀星時，代表在這個大限的前五年中結婚。

2 若有阻礙星、煞星坐守，代表在這個大限的後五年成婚。

考慮範圍逐漸縮小之後，可再逐年分析小限何時走姻緣星或婚姻區塊，即可得知何時結婚。若是不具備結婚要件，只是行運桃花星，或小限婚姻區塊入資源星、流年太歲逢姻緣星，便只是代表戀愛或與異性邂逅而已。

對於已婚者而言，運行桃花星，或小限婚姻區塊入資源星，或流年太歲逢姻緣星，代表可能有其他的機會或想法，易有外遇問題。不過要下此定論之前，必須細細評估其他可能，否則每個人都有機會婚姻區塊入資源星，都有機會遇到桃花星，那豈不是人人都外遇了？首先要先考慮此人命格，以及大限的狀況，例如此人若是司庫星加煞星入總部，外帶孤枕星、寡宿星，此人的個性和感情生活已是孤僻且單調無比了，若能得姻緣已屬難得，還談何桃花？即使流年走桃花星，最多也不過是有機會多認識幾個異性朋友，一起聊聊天吃吃飯罷了。

若是命格已屬桃花。流年再走桃花，就有可能蠢蠢欲動了。當然亦有命格不具桃花，但大限走桃花且四化又引動婚姻區塊的情形，這樣也可能有桃花機會。

婚姻區塊可顯示夫妻互動狀態，現在大家生活於自由開放、網路發達的社會，兩性關係比過去開放或複雜，但先天性格特質的牽制無人能免，只是後天行運的看法，須以現代的觀念和眼光來分析才能確認，不能一味承襲古法，否則必然與現實脫節。筆者融合古時傳下的祕訣，再結合數十年的經驗詳述於此，希望研習者能多加靈活運用。

6 婚姻區塊的主星特性分析

皇帝星：皇帝星入婚姻區塊，配偶宜年長，擇偶眼光較高，宜晚婚。男可得賢妻，女嫁貴夫，但需要相當尊重、包容對方；再加上科舉星、貴人星，小心第三者介入。

軍師星：配偶年齡相距較大，可老少配。男性娶妻賢慧，持家有方，但個性剛烈，多計較；女性另一半多學有專長，但少理家務；若加煞星，主生離，或曾經解除婚約。

王爺星：王爺星入婚姻區塊，利女性不利男性。女命配偶主貴，但較獨裁；男命可因妻得貴，配偶能幹，略有些兇悍。女命的婚姻區塊有王爺星且落於XI、XII、I位，以及男命的婚姻區塊有王爺星落於IV、V、VI位，婚姻不佳，再逢煞易有外遇。婚姻區塊位於II、VIII，感情複雜。

司庫星：寡星入婚姻區塊，難以言吉。另一半的年齡宜相近，加吉星可因配偶而富。男命配偶個性剛烈，獨立自主，較不懂情趣；女命配偶不解風情，個性暴躁、獨來獨往。若婚姻區塊再加煞，主生離再婚。

貴妃星：配偶年齡差距宜大，男命宜娶少妻，女命宜嫁「老公」。男命可得美貌聰穎賢內助，女性可得夫溫柔體貼多疼愛。唯有貴妃星落於Ⅴ、Ⅺ、Ⅱ、Ⅷ時不佳，加煞則徒有夫妻之名，難有夫妻之實。

使節星：使節星爲亦正亦邪之星，入婚姻區塊，不論男女，婚姻難得美滿。若再加煞，恐暴力相向；加左、右護法星，爭訟難免；加科舉星、貴人星，恐有他人介入；但若會宰相星、庫銀星則反吉。

宰相星：較宜晚婚，男命可得妻助，女命則另一半爲青年才俊，感情豐富。若加煞，主生離，不能論死別。

皇后星：利男命不利女命，男命宜配少妻，柔情似水。女命宜配夫年長，性情溫柔，但心易向外，若逢吉星可化解。加煞星或滂神星、糾纏星，主配偶易短壽。

近侍星：近侍星入婚姻區塊，代表對象多多益善，感情不穩定，容易受到外力干擾，有見異思遷的傾象。男女性皆有共同點：喜歡聽甜言蜜語，風流，講究格調與品味。戀愛過程有波折，或婚前有阻力反而較好。若加煞星，代表有桃花糾紛；另一半若爲二婚者，可免刑剋。

密探星：配偶有強烈佔有慾或疑心病，常因嫉妒生口角，所以年齡差距若大一些較好，可避免常常冷戰。男命喜歡豔麗型，女命喜歡有才又有財的對象。若是婚姻區塊密探星獨坐，配偶任勞任怨；若加煞，生離死別難免。

總管星：男命可得貌美賢慧的另一半，能幹持家；女命可嫁處事穩重的好好先生。另一半可能是同事、同學、鄰居、親友介紹等等，近水樓台的機會較大。

監察史：男命娶妻賢慧，另一半年齡較長較好；女命配偶個性喜歡指揮，晚婚較好。若加煞星，不如當個快樂的單身族。

將軍星：無論男女，對感情的態度都較乾脆，常屬一見鍾情的類型，不耐煩愛情長跑，熱情和冷卻的速度都很快。男命若有吉星照會，代表另一半精明能幹；女命則另一半性情剛強，學有專精。若婚姻區塊在陷地逢煞星，代表夫妻不和，糾紛難免。

前鋒星：耗星入婚姻區塊，難以言吉。夫妻彼此都想駕馭對方，這種組合最需要多多溝通、互相容忍，否則難以長久。若雙方都是二婚的結合，反而能白首偕老。

晚輩區塊

古人說：「不孝有三，無後爲大。」無後在過去的過念中，往往歸咎在女人身上，甚至可以借「七出」罪名，名正言順的休妻或容忍丈夫納妾。

而今隨著時代的演變，有沒有下一代已不是那麼絕對必要的問題，尤其因爲經濟環境的緣故，不婚者越來越多，就算結了婚，小夫妻樂在兩人世界，不生的頂客族更是不少見，願意生且不止一胎者，越來越少，因此如今不論生男生女，都是家裡的寶貝，過去老一輩重男不重女的現象已經漸漸式微了。

在東方星理學中，晚輩區塊可顯示子女的多寡，以及子女的質量，能否有機會光耀門楣。不過在觀察晚輩區塊之前，必須先參考星盤中的「子息星」，也就是前鋒星是否廟旺？若是前鋒星廟旺，代表子女多，若是落陷或逢沖破則少。如果是前鋒星入總部者，代表占奪了子息星，所以子女必然不多，或是代表晚年得子且多無緣。

晚輩區塊爲六親區塊之一，若晚輩區塊旺於總部，代表下一代青出於藍而勝於藍；反之，若總部廟旺而晚輩區塊落陷，代表子女較平庸。

如果總部星性強，而晚輩區塊星座亦強，代表親子皆吉，不過子女一生多大起大伏；若晚輩區塊弱又逢破的話，代表夭折或不成器。

晚輩區塊的狀況除了衡量旺弱之外，區塊內的星曜性質也不可忽視，每一種星宿在晚輩區塊中所發生的影響力皆有不同。例如密探星雖不是煞星，但入晚輩區塊必先損子女，或先得女，而且不論其旺弱，父子緣薄。

另外，貴妃星爲福星，但入晚輩區塊反而不利。因爲親子間的對待關係雖會因貴妃星的柔和而相處不錯，但貴妃是一顆享福之星，落入晚輩區塊，代表子女喜歡享受且依賴心強，這對父母來說可是甜蜜的負擔。區塊內星宿旺的話，代表可守成；若是弱陷，則代表逐漸敗產而終無發展，可視爲啃老族。

因此，要先徹底的瞭解各星座的性質，才能靈活運用於各個區塊而不致失誤。除此之外，晚輩區塊不僅僅代表子女而已，亦涵蓋以下七個重點：

- 分析子女質量的好壞。
- 親子之間的互動狀態。
- 意外狀況的判斷。
- 直接影響房產區塊的穩定。
- 性需求的判斷。

- ❖ 生男育女的計算。
- ❖ 晚輩區塊的主星特性分析。

1 分析子女質量的好壞

由晚輩區塊的旺弱，以及其中所落星宿，可知當事人與子女之間緣分的厚薄。例如前面提到過的密探星入晚輩區塊，親子緣薄；此外，總部在Ⅰ、Ⅶ、Ⅳ、Ⅹ者，其晚輩區塊必與總部相隔一角，稱爲犯「隔角煞」，代表和子女較無緣，必有一至兩位不在身邊，可能是交由父母教養，或是離家住校等等。若大限行至Ⅰ、Ⅶ、Ⅳ、Ⅹ位也同論，不過這樣的情況僅限於這個大限而已。

晚輩區塊的星宿不宜太旺，也不宜太差，因爲這和房產區塊有密切的關係。如果晚輩區塊內星宿不好，而房產區塊星宿組合好，代表子女沒有大作爲，雖然平平凡凡但卻孝順，會留在當事人身邊照顧；若是晚輩區塊星宿好，而房產區塊星宿組合不佳，代表子女成龍成鳳，因此忙於自身事業而無暇在當事人身邊噓寒問暖，尤其當房產區塊有煞星沖晚輩區塊的話，多與子女較無緣或聚多離少。

晚輩區塊中若有澇神星、糾纏星，或是煞星或阻礙星時，代表損失，而且有上述其中一顆星則損一個，有二損二，在計算子女總數時，必須參照扣除。

女命的晚輩區塊好，並不代表多產，而是象徵喜歡小孩、與孩子較投緣，溝通良好沒有代溝。不過其生育能力還須參考XI位（不論這裡屬於星盤中的哪一個區塊），因爲以人體部位而言，XI位代表女性卵巢部位，生男育女之處，若有阻礙星或煞星單守，代表先天體質上這個部位的功能恐有障礙，因此不孕的機率比別人高。男命的XI位爲腎臟、脊椎部位，若有阻礙星或煞星單守，主腰痠或精蟲稀少生殖力受損等症狀。

2 親子之間的互動狀態

以晚輩區塊所落入的星宿，可以判別當事人與子女之間的相處情形。一般來說，晚輩區塊落入較柔性的星座，彼此較投緣，而且對孩子的管教方式較民主，孩子具有否決權，當事人也比較能接納孩子的意見。晚輩區塊星宿若是太過剛毅，則容易出現代溝；若是有火神星、馬前卒星、掌握星，代表孩子不但沒有否決權之外，還要奉旨遵行，稍有不從就要接受處罰。

晚輩區塊若有皇帝星、宰相星坐守，因過旺反主孤，子女數不超過二人；軍師星入晚輩區塊，則不易得男丁；前鋒星爲子息星，若是此星入總部，孩子必少，但若入晚輩區塊，不致刑剋子女。

3 意外狀況的判斷

意外的種類很多，屬於何種意外需視區塊內的星宿而定，不過意外發生的地點，則可粗分爲家中或是在外面的場所。因此，若星盤中的晚輩和房產區塊逢煞星、滂神星和糾纏星等，除了子女受損之外，在流年走到時也代表意外的發生，而且是在家中所發生的意外。大部分可能是因爲自己的疏忽所造成的，與外緣區塊不好而發生在外的意外狀況有所差別。

晚輩和房產區塊所代表的意外，多半是因爲自己大意疏忽所引起，例如摔倒、遭小偷、火災等等，凡是在家居生活所發生的意外都屬此列。至於自己有沒有受傷，則需再配合健康區塊來看，或是參考其他區塊的好壞，才能斷定其他六親於該年所發生的事故中是否安然無恙。

而關於出門在外所遭遇的意外，如飛機、汽機車等交通事故，或是跌倒、山難等等，屬於外來因素所造成，非本身力量所能防止的事件，都歸屬在外緣區塊的意外。

因此，行運中遇到晚輩區塊不佳時，不能只將重點放在子女身上，還有其他層面需要加以考慮，否則年幼者、或是未婚者將不知從何研判起，並且可能漏失可能發生的事故。

4 直接影響房產區塊的穩定

基本上，每一個區塊的好壞，除了固定區塊的星宿吉凶之外，該區塊的對面區塊之好壞，也會直接影響本區塊。例如晚輩區塊的星宿穩定良好，但對面的房產區塊卻有惡煞坐守，則會沖破晚輩區塊，除了代表損失子女之外，也代表與子女較無緣。若是晚輩區塊有煞星坐守，而房產區塊本身雖然好，但同樣不以吉論。因爲對面區塊有凶星來沖，除了子女有損，也會影響居家的穩定。

房產區塊除了代表一個人的居家環境，同時也象徵著一個人的庫位，意即藏財之所。晚輩區塊有煞沖房產區塊，其財庫同樣倒楣，將造成此人不易聚財的結果，就算此人財政區塊很好，或是行運中的財運不錯，也同樣會財來財去，終將暗耗難留，只能當個過路財神。

受到對面區塊星宿所沖破的區塊，之所以不好，多半是受到外來因素的干擾所造成的；而本區塊不好，則是因爲自身不良又無力發展所致。因此晚輩區塊的吉凶狀況，必然與對面的房產區塊有直接的關聯。

5 性需求的判斷

在東方星理學中，一個人晚輩區塊的旺弱，可以看出此人的性慾強弱，也就是想與不想，有沒有「性趣」；但是「能不能」則需要配合健康區塊來看，因爲健康區塊也代表性能力的強弱。因此，在論其「需求」時，須以晚輩區塊所落入的星宿爲依據。

一般說來，晚輩區塊內若入將軍星、前鋒星、近侍星，以及煞星等衝力強的星宿，代表此人性慾強，此時若健康區塊能配合的話，則幹勁十足、體力充沛；若是晚輩區塊旺，但健康區塊不佳，恐怕心有餘而力不足，恐怕要力不從心了。

若是星盤中I位逢阻礙星坐守，可能代表生殖器官出現問題，或是「不能」，或是在性事方面有障礙。

晚輩區塊內若有較柔或陷弱的星宿，表示當事人較清心寡慾，就算是健康區塊旺，也不見得「性趣」旺盛。原因不在於不能，而是可能在行運中婚姻區塊不佳，感情受挫或其他因素，使得當事人沒有心思；或因事業忙碌，夫妻聚少離多，無暇顧及。詳細情況需再參看其他區塊才能論定。而如果晚輩區塊不旺，健康區塊也陷弱，那就眞是六根清淨準備關機了，這與年齡無關。

推判需求的強弱時，是以該相關區塊內星宿的旺弱來看，並非以其星宿的吉凶來斷，因此若有煞星落入，反而代表性趣旺盛或有衝力。

在需求方面，亦會隨著運勢的改變而有所轉變。因此強弱起伏都輪得到，有因爲上一個大限使用過度，造成下一個大限需要暫停休兵的狀況；也有因爲上一個大限忙於事業，生活和感情不好，導致性致缺缺，而下一個大限也許一切都穩定了，甚至重修舊好而再度你儂我儂。因此，晚輩區塊的轉變所帶來的結果，必與其他區塊有間接的因果關係。

6 生男育女的計算

生男育女是以女性爲準，因爲男性的晚輩區塊只是顯示他與子女間的互動狀態而已，不能作爲生男育女的依據。

女命的第一胎並非看晚輩區塊，而是看總部。太微垣（宰相星、軍師星、總管星、監察史、貴妃星、將軍星）入總部，頭胎多半先生男孩；紫微垣（皇帝星、近侍星、司庫星、密探星、使節星、前鋒星）入總部，頭胎多先生女孩。

總部若是有紫微垣和太微垣星宿同入，則要看誰旺誰弱，由旺者決定。像是軍師星和密探星同入IV位總部，密探星屬水，可生軍師星和IV位的木，密探星的元氣被洩，所以以軍師星爲旺。軍師星屬太微垣星宿，所以頭胎易生男孩。若軍師星和密探星同入X位總部，則以密探星爲旺，故頭胎多生女孩。

若是紫微垣和太微垣星宿同區塊入總部，但五行相同，又該如何區分旺弱呢？例如皇帝星和宰相星皆屬土，在III、IX位時會同區塊，此時分辨方法是以V、XI爲界，自XI到IV位爲紫微垣所轄區域，自V到X則爲太微垣所轄管區。因此若是皇帝星和宰相星同入III位總部，頭胎多生女；同入IX位總部，則頭胎多生男。

另外王爺星和皇后星入總部的人，則不以其五行旺弱來區分，因爲此二星屬於天市垣，不屬於紫微垣或太微垣，所以單看是哪顆星入總部來定。例如王爺星女命，頭胎必生男；反之皇后星女命，頭胎則生女。若是王爺星和皇后星同入II、VIII位總部，則看看哪顆星較旺，旺者決定。

王爺星和皇后星的旺弱是以II、VIII位爲界，自III至VIII位屬於王爺星旺，而IX至II位則是皇后星旺。因此，王爺星和皇后星同入II位總部者，頭胎得女；王爺星和皇后星同入VIII位總部者，頭胎得男。

另外若是天市垣與太微垣或紫微垣星同入總部，此時生男育女則仍以天市垣爲準。例如王爺星和密探星同入總部，應以王爺星來論其頭胎生男。

以上屬於頭胎的情形，而且不論其是否活產或流產，受孕的當時即定男女。至於第二胎以後的生育性別，則以女命受孕的當年，其小限的晚輩區塊來論斷，但以當事人之足歲來計算。若是晚輩區塊落於陽性的區塊（I、III、V、VII、IX、XI）則生男，若是落入陰性的區塊（II、IV、VI、VIII、X、XII）則生女。

不過尚有一個例外狀況：若小限的總部或晚輩區塊，遇到本命或流年的姻緣星，則優先判定生女，此時就可以不考慮小限晚輩區塊落於陽性或陰性區塊了。另外在受孕年至生產年，若小限晚輩區塊有煞星或阻礙星落入，則需特別注意懷孕過程或生產過程，恐有流產、懷胎不順、或胎位不正的情形。若健康區塊也同時入煞星或阻礙星，則有剖腹或墮胎的現象，應詳細分析，以免失誤。

7 晚輩區塊的主星特性分析

前鋒星：耗星入晚輩區塊，代表子女管教不易，叛逆性特別強，與子女緣份較薄。不過前鋒星刑男不刑女，利女兒不利兒子；此星入晚輩區塊，反而喜歡逢滂神星，可免刑剋。若是前鋒星與阻礙星、火神星或旱神星同入晚輩區塊，破耗更大，長輩得更辛勤努力賺錢方可供其花用。

皇帝星：星座過旺反而不利，除了人數不多之外，亦代表子女的氣勢凌駕於當事人，管教不易。皇帝星在晚輩區塊顯示爲子女相當優秀、較早獨立，或是有特殊才能，當事人對子女也就有求必應，並且努力賺錢用心栽培。

軍師星：軍師星代表計較與異動，落入晚輩區塊代表子女好動、聰明活潑，小時候就喜歡拆解玩具，玩動腦遊戲；也代表子女有認義父母的可能，或有同父異母、同母異父的手足。若加上馬前卒星，恐有流產的現象；加左、右護法星，可能會有領養他人子女的情形。

王爺星：王爺星位於旺地，子女有貴，活動力強，充滿朝氣，喜歡戶外運動；也代表子女較多。王爺星位於陷地，子女文靜，依賴性較強，主安穩而無大作爲。加煞星，不利長男；加澇神星、糾纏星，或阻礙星，須防白髮人送黑髮人的情況。

司庫星：子女個性好強、固執、叛逆，需要多用愛心管教，用耐心陪伴。司庫星入晚輩區塊，代表中年得子；若會左、右護法星，代表子女獨立自主，很早離開家庭生活，當事人要提早做好生涯規劃。

貴妃星：子女乖巧貼心，善解人意；與子女溝通無礙，親子間沒有代溝。不過貴妃星太過柔弱，子女依賴性較強，當父母的需不斷在旁伸出援手。遇到資源星時，甚至連孫子都要你來操心；逢馬前卒星或火神星時，需注意流年的晚輩區塊，恐生得智能不足或有自閉傾向的孩子。

使節星：孩子叛逆性強，喜呼朋引伴結黨結派，不好管教。若是使節星單守，代表膝下子女不多，有子奉老已不錯了；使節星與將軍星同入，代表先損後招；使節星與宰相星同入，可得貴子；使節星與總管星同入，子女恐早熟早婚；使節星與前鋒星同入，子女多病災；使節星與近侍星同入，易得中性之子女。

宰相星：雖然子女獨立性強，主觀意識高，但可得孝順子女，且子息旺盛多產。逢正、副學士星或科舉星、貴人星，必得貴子，可光耀門楣。當事人與子女感情良好，只是對子女太過關切，略嫌嘮叨。

皇后星：子女有藝術天分，對音樂、書畫、設計方面有天賦；聰明、反應敏銳。旺地主子女富有，陷地則稍嫌不足；逢正、副學士星或顯耀星，必主貴顯；但女勝於男，母女貼心，父子則沒大沒小。

近侍星：子女性格較懶散，好吃好玩，個性善變、倔強，有不達目的不罷休的特質。若是照會其他桃花星，可能婚外有子。近侍星入晚輩區塊，代表子女間難以和睦相處，這才是最需要好好留意的部分。

密探星：密探星爲陰暗與孤獨之宿，入晚輩區塊，主損頭胎；也代表緣薄，小孩喜歡與父母頂嘴，不會討大人歡心。密探星三方若會合王爺星才能驅暗，以免親子間各彈各調，誰都不願放下身段、坦誠溝通。

總管星：總管星入晚輩區塊是不錯的組合，代表子女負責任、誠實、內向，愛漂亮、喜歡時尚、喜歡打扮，但膽量較小，較缺玩伴。

監察史：子女聰明、孝順、活潑可愛，人小鬼大，是同齡中的孩子王。亦代表孩子多才多藝，具有多方面發展的可能。惟加煞易有小產可能；若加正、副學士星，易有私生子的傾象；監察史星逢煞或逢澇神星，代表老來孤單。

將軍星：子女頑皮、好動、精力充沛，個性剛直，不易教導，是對父母耐性的一大考驗。若會刀械星、阻礙星，易有剖腹產的可能；

逢煞星，可能擁有缺陷的孩子；但若將軍星組合好，或三方有吉星拱照的話，仍代表子女成材。

財政區塊

自古至今，能夠令人魂牽夢縈、牽腸掛肚、朝思暮想的，大概除了「情」字之外就屬「錢」字了。有人說：「英雄難過美人關，美人難過金錢關。」錢財，被視爲權勢的象徵、身分的代表以及行情的依據，說這話雖似乎俗氣了點，但卻無否認現代社會中錢財雖非萬能，但沒錢卻肯定萬萬不能。

人窮志短時不免感嘆，一分錢難倒一條英雄好漢；巧婦難爲無米之炊，貧賤夫妻百事哀；有錢能使鬼推磨，錢能使人無德無尊，亦可無勢而達。

錢財能助人，亦能害人，世俗修行甚至把它列入四大（酒色財氣）皆空之一。能夠將它善加運用者可以利己利人，無法加以妥善運用者，到最後反而淪爲被錢利用的錢奴而已。老話常說：「富不過三代」，說明輕易到手的財富，人們通常比較不會珍惜，唯有辛勤耕耘、積沙成塔，才能眞正體會一粥一飯當思來處不易，必須珍惜這血汗代價。

每個人因命格相異，其金錢觀亦各有不同，因而有人對錢財是貪得無厭，可以見利忘義；有的人是君子愛財，取之有道，不被金錢所驅使。然而無論如何，愛財與否和富有與否，畢竟是兩碼事，需依其先天之根基和後天之運勢及努力才能決定。

財爲養命之源，金錢對人來說當然重要。除了本命成格或總部入財星且居於旺地的人之外，皆應依財政區塊之旺弱來定吉凶。所謂財旺、財弱，必須先就當事人基本星盤的根基來考慮，像是貧賤者之財旺仍不如富裕者的財弱。

因此命格成格的話，先論格局，其財政區塊則作爲輔助參考；若是不成格，才論財政區塊。

財政區塊的含義涵蓋六個重點：

- 理財觀念的區塊。
- 顯示財運的旺弱。
- 影響行業的選擇。
- 代表物質享受。
- 左右命格的高低。
- 財政區塊的主星特性分析。

1 理財觀念的區塊

基本星盤中的財政區塊可以看出一個人的理財觀念，財政區塊旺並不代表此人很有錢，只能表示此人善於理財，懂得精打細算。至於有沒有錢，尚須參考其他區塊來看。

而且命和運必須配合，命格決定一生，大限決定目前。若命格雖具有財星，也不代表與生俱來就有，何時運限逢到，才能擁有實際財富。

善於理財的人，不見得都有財可理，日常生活之中，我們也不乏見到此種實例。有人精打細算了一輩子，仍是窮苦一生；而有人該用則用、該花則花，照樣不虞匱乏。當然其各相關區塊必須強勢，而且配合良好，才能如此。

對於一個積沙成塔的命格而言，若是財政區塊好、善於理財，對於累積財富的速度倒是有加分的效果；同理，若對一個依承祖業、又不善於開源之人，若是財政區塊不好，則會影響其節流守成，如同手握旱沙而加速頹敗。

2 顯示財運的旺弱

財政區塊顯示了一個人對待金錢的方式，也是一個人對於財務處理的概念及運用區塊。一個人善於理財，但財源旺不旺？守不守得住？必須透過財政區塊、欲望區塊、以及房產區塊相互配合運用才能判定。

因爲財政區塊爲財的運用，欲望區塊代表來財之源，而房產區塊則爲財的庫位，所以財政區塊好還不如欲望區塊來得好，欲望區塊漂亮，表示來財較輕鬆，而且來源管道多；同時，房產區塊也要好，因為有了財庫，進財才能留得住。

事實上，以任何一張星盤來說，前述區塊有一個或兩個區塊好，就已經不錯了，想要三個區塊都廟旺無破，談何容易？以下就財政、欲望、房產區塊的旺弱搭配，對當事人所產生的實際影響做分析比較：

• 財政區塊旺、欲望區塊旺：大富之人。

• 財政區塊旺、欲望區塊弱：財源不旺，終非成大事業之人，能安享卻不能大富。

• 財政區塊弱、欲望區塊旺：華而不實，財來財去，財旺難留。

• 財政區塊弱、欲望區塊弱：爲生活奔波辛勞之人。若是性情淡泊物欲低，自成格局的話，雖財政和欲望區塊不旺，但可從事研究、學者、或藝術方面，受人尊敬，只是終是清貧。

- **財政區塊旺、欲望區塊旺、房產區塊陷**：大富，財運極旺，但終究暗耗難留。
- **財政區塊旺、欲望區塊弱、房產區塊旺**：出身不富裕，終能勤儉成業致富。
- **財政區塊旺、欲望區塊弱、房產區塊陷**：有財無庫，多爲經手之財，過眼雲煙。
- **財政區塊弱、欲望區塊弱、房產區塊旺**：來財辛苦，但能積沙成塔，辛苦有代價。
- **財政區塊弱、欲望區塊旺、房產區塊陷**：賺錢的速度永遠比不上花錢的速度，財留不住。

財星入財政區塊屬於適得其所，代表有財，但卻比不上財星直接入總部並位於旺地者要好。命格成格的話，以格局爲主，財政區塊爲輔；無格者，則再論財政區塊，並依區塊的旺弱來定吉凶。總部不佳而財政區塊旺，收入雖豐，但終究留不住。

由此可知，命格的根基相當重要，尤其以運行煞星或將軍星、前鋒星、近侍星時，爲大起大落的關鍵期。若是命格好，則大起大落無礙；若是命格不佳，那麼行此運時小心一敗塗地，難以翻身。而除了命格與財政區塊的旺弱之外，財政區塊內所落星宿的性質亦需注意，例如：

- 財政區塊內有資源星、掌握星：代表喜歡掌握財務收支大權。
- 財政區塊內最忌落入姻緣星：喜歡賭博、投機之財，結果難留。
- 財政區塊內主星落陷，且有孤枕、寡宿星：代表破蕩，白忙一場。
- 財政區塊有資源星，不如財政區塊的暗合區塊有資源星要來得好，若再加上三方有顯耀星的話，表示名聲響亮，但是賺錢多少卻沒人知道。

・財政區塊不宜落入火神星：代表火燒鈔票，爲耗財的現象。

3 影響行業的選擇

一個人會從事種行業？以何維生？首先須以當事人總部的主星爲依據，其次看財政區塊、行政區塊的主星，以及大限的四化，來作爲基本的參考指標。財政區塊中的主星因爲星曜的性質不同，來財的方式也有所不同，例如：

・皇帝星、宰相星、庫銀星、資源星、皇后星、司庫星等等皆爲財星，入財政區塊最佳。

・密探星：在Ⅰ、Ⅶ位時，代表多由口才競爭得財。密探星加資源星同樣代表開口財，如律師、仲介等；公務人員則小心有欺瞞、貪污所得。

- 近侍星：多旅遊業之財，或餐飲業，甚至是得異性財。
- 軍師星：多是批發或因特殊技能而得財。
- 王爺星：若居於旺地，屬於辛勞競爭得財。
- 貴妃星：代表晚發，獲得祖業而安享，得來不費力，與王爺星恰恰相反。
- 使節星：居旺地時極富，多爲公門之財或加工之財。
- 總管星：正常而遂心之財，或國庫之財，以及匯兌支票之財。
- 監察史：代表賭博得來的財富，或不該得而得到的財富，或理論之財。
- 將軍星：暴起暴落之財，或流行性機會財。
- 前鋒星：居於旺地時大富，否則代表變賣財產、典當變現之財。
- 馬前卒：在東方星理學中，五行屬金的星曜皆主財，因此馬前卒雖是煞星，但若是三方會到司庫星、將軍星、皇帝星、宰相星，反而可能大富，只是富貴中難免有不足的憾事。

- 左、右護法和科舉星、貴人星：若居旺地則因人而異，否則爲調動借來之財。
- 正、副學士：代表著作、稿費、版權費、金石、書畫之外，或是利息、會錢、支票等等，屬於不太旺但細水長流、綿綿不斷之財。
- 旱神星：五行屬火，代表偏財，但必須同區塊中有主星並居旺地，旱神星單守則不做財星論。
- 四煞星：多是伴隨是非或官訟而來的財富，終是破敗難留。
- 財政區塊中有兩顆主星同入的話，代表可多方面入財，如果成格則富足，否則兩顆星須依照生剋關係以及星曜的性質再予判定。

人的一生當中，可能不只從事一個行業，有時甚至同時從事好幾種工作類別，正職和兼職副業並行。若是行運中行政區塊有變動改行的跡象，可觀察大限中的財政區塊，作爲下一個行業選擇的判斷參考。

4 代表物質享受

財政區塊的好壞，代表一個人對於物質生活的享受，以及層次上的要求。財政區塊越旺，當事人可能越是講究，生活所需都有要求，必須吃得精細、穿得高級、用得華貴，講究排場，行情絕對不能差。而財政區塊較差的，物質享受的程度也會相形較低，相對要求也不那麼高。

財政區塊除了代表對物質享受的要求之外，亦會影響其精神生活享受。因爲財政區塊的對面區塊爲主掌精神享受的欲望區塊，因此只要財政區塊內落入一顆阻礙星，就會影響到對面區塊。這代表此人欠缺精神上的享受，以及夫妻婚姻感情生活，甚至是老年的福分。因此，財政區塊落入阻礙星的話，代表欠缺婚姻感情上的享受，精神上比較寂寞。可能是夫妻間有聚少離多的狀況，像是有一人常常出差或因工作或其他因素而分隔兩地；或是有一方是職業軍人、船員等等。至於會不會因此造成婚姻破裂，則必須進一步考慮：

- 若大限中婚姻區塊內的星宿平穩無破，則財政區塊入阻礙星只代表分開。
- 夫妻因故聚少離多，未必會離婚，若是因行運而造成的，則別離只在該大限而已，運過即恢復。
- 若婚姻區塊內的星宿組合不好時，最怕有第三者介入，此時婚姻容易亮紅燈而離婚。因爲人都有感情，夫妻之間不會因爲暫別就使婚姻決裂，多半是無法忍受對方的背叛，加上精神空虛，因而走上離婚之途。

另外，財政區塊入阻礙星，代表賺的多爲是非財，比較勞心。賺取是非財的行業如律師、醫師、保險、記者、大眾傳播、影劇演員等等，凡是有是非就有錢賺的行業即屬之。

除了財政區塊入阻礙星會影響精神享受之外，財政區塊若有煞星坐守，對沖欲望區塊時，同樣不利，代表當事人除了勞心勞神之外，亦難得到精神生活上的享受與調劑。

5 左右命格的高低

財政區塊爲總部的三合區塊，總部、財政、行政區塊爲三合，決定人的一生。因此，三合的好壞可以決定一張星盤成格與否，繼而左右命格的高低。

財政區塊的好壞在於它能夠直接影響欲望區塊，而欲望區塊爲一個人的福基，除了代表財路來源、精神享受之外，也代表晚年的福分，對人的一生極爲重要。

如果財政區塊不旺但成格，代表清高，如專家、學者、藝術家，因此財政區塊和行政區塊會相互影響，例如：

- **財政區塊弱、行政區塊旺**：代表事業規模做得不小，但未必賺大錢。實際生活中這種例子亦不少見。有的公司開得有模有樣，甚至跨越國際，但卻是年年虧損或是天天跑三點半，倒不如當個朝九晚五的上班族反而比較適合。
- **財政區塊旺、行政區塊弱**：代表事業規模不大，但是財源廣進。有時我們在日常生活中常會看到，某些小麵攤不太起眼，但每天卻是座無虛席，顧客川流不息，雖是小生意但卻財源滾滾。

因此，**真正有錢要看財政區塊和房產區塊的相互作用**，更嚴格一點，要將欲望區塊一併列入考慮。欲望區塊旺，代表來財管道更旺、更輕鬆，而且能享受到成果。否則一輩子縱使財運旺、辛苦累積富甲一方，但最後卻沒享用到就與世長辭，或是事業、財富的成就輝煌，卻無暇或捨不得享用，錢存銀行人上天堂，豈不可惜？

財政區塊可左右一個人的命格，像是財星入總部者，因命格具備，所以一生的行業取向必然會向區塊內主星的性質發展，而其財政區塊則作爲輔助參考。例如，財政區塊中若有正、副學士星坐守，則必然會與文化或藝術等行業有關；若其財政區塊有桃花星坐守，爲與異性相關的行業；若是有阻礙星或密探星坐守，則必與是非財有關。

6 財政區塊的主星特性分析

司庫星：司庫星爲財星，入財政區塊適得其所。司庫星的財較偏向現金的掌握，若加吉星或四化好的話，財富豐足；若逢前鋒星、將軍星或加煞星，賺錢辛勞；若遇澇神星、糾纏星，投資不動產較好。

皇帝星：皇帝星並非財星，入財政區塊並不代表富有。皇帝星重視名聲和面子，入財政區塊僅代表收入較豐厚，穩定且理財方式保守，要用錢的時候有得用就滿足了。加煞星雖代表有爆發的機會，但不長久，因此不以吉論。

軍師星：軍師星代表流動、財來財去，帶有投機性和週轉的性質。若逢資源星、掌握星，爲銀行或店面生意。軍師星又爲投機取巧之財，喜走偏鋒，帶有賭性，像是股票、期貨、二胎放款等等。逢煞星或滂神星、糾纏星時，雖可靠機謀取財，但終是財來財去一場空。

王爺星：王爺星居旺地時，喜投資生產事業，雖代表富足，但並不輕鬆，因此王爺星入財政區塊反而不喜太旺，若王爺星落於XI、XII、I陷地，賺錢反而輕鬆，大多從事夜間活動的生意。逢阻礙星或煞星時，是非特別多；加左、右護法星時，則是樂善好施的善財童子。

貴妃星：貴妃星爲享受之星，入財政區塊，代表白手起家或固定薪水，屬於積少成多型，並從事與異性相關的服務業最合適。雖然並非大吉的組合，但總比貴妃星入總部要好。

使節星：使節星是一顆亦正亦邪的星宿，入財政區塊並不能稱好，代表橫發橫破，因此切忌投機性的投資，以免血本無歸。使節星入財政區塊不易守財，認眞賺認眞存是爲上策；逢阻礙星加煞星，須防盜賊劫財；逢澇神星、糾纏星或馬前卒、後衛兵星時，當心官府破財。

宰相星：宰相星是財庫之星，入財政區塊代表守財及理財能力較強，需有好的組合才能成富。這樣組合的人，用錢方式有計劃，手握現金心情就好，稍微少了一點就開始憂心忡忡，若是無錢可用，可能連晚上都睡不著覺。若逢澇神星時，代表虛有其表而已。

皇后星：皇后星入財政區塊時，較注重資產而非現金。若皇后星居旺地且逢資源星，主富足，且以不動產聚財最快；若是居陷地，可從事仲介賺差價，或是娛樂、休閒行業。皇后星加煞星，主糾紛、破財；皇后星居陷地再逢阻礙星和煞星的話，小心金光黨或仙人跳。

近侍星：近侍星特質爲貪得無厭，若是逢庫銀星，終可成富；若逢資源星則代表借貸之財；逢火神星、旱神星時，代表橫發；加使節星、姻緣星，代表從事投機行業可得利，但卻會在異性身上賠光。近侍星會滂神星、糾纏星時，代表財來財去，得意一場；加馬前卒、後衛兵星時，小心因賭破財。因此，近侍星入財政區塊應多方面分散投資較好，切忌把所有雞蛋放在同一個籃子中。

密探星：密探星入財政區塊，代表是非競爭、勞心勞力，可憑智慧、口才取財。密探星爲是非之星，守財不易，可用配偶或近親之名置產較好。密探星喜歡與王爺星入同一區塊，代表發財遠鄉；逢滂神星、糾纏星，可白手起家或當個穩定上班族；逢火神星、旱神星，小心回祿破財。

總管星：總管星入財政區塊，三方必會宰相星，逢吉星拱照必然富足。會使節星，代表長袖善舞，可在商場得意；會司庫星爲專業技術領域得利；會皇帝星，則是細水長流、積富之人。若總管星單守，代表財源不斷，正財偏財都有。

監察史：理論之星入財政區塊，自命清高，難爲錢低頭。若是同區塊沒有資源星，多半白手起家。逢資源星、掌握星，爲激烈競爭所得，像是帶有賭博性的股市或期貨市場。監察史星善於理財、懂得靈活運用，但反而不宜經商；若監察史星逢煞、澇神星、糾纏星，則是白做工。

將軍星：代表暴起暴落，將軍星入財政區塊，多半都有中年財務危機。若逢吉星拱照，雖然富有，但因爲將軍星特質，仍是花錢大方不手軟，暗耗不少。將軍星逢煞星照會，更要小心守穩，切記招搖，以免引來劫盜之災。

前鋒星：前鋒星若居旺地且有庫銀星同區塊，代表暴發，或得祖先庇蔭。但前鋒星爲耗星，既耗親又耗財，因此前鋒星入財政區塊就「如火熔金」一般，就算有祖業也難守得住。前鋒星逢庫銀星或吉星同入Ⅰ、Ⅶ、Ⅴ、Ⅺ最佳；若遇司庫星，到處破財；遇資源星，爲典當之財；若加皇帝星則爲意外之財；逢澇神星、糾纏星，小心寅吃卯糧。

健康區塊

人世間生、老、病、死乃大自然之循環，使生命得以生生不息。人吃五穀雜糧，豈會有人不生病？任你有錢沒錢甚至是治病救人的醫生，沒有人能不被病痛所困，會生病的才是正常。

而病有先天不良的，亦有後天失調的。病因則有起自飲食不當、生活作息不正常，或是菸酒不離身，甚或是因感染而引起的。諸多原因除了先天性所具有的疾病之外，後天遭到天災人禍而造成的傷害，令人無計可施之外，其他的皆可藉由調整生活習慣與步調，並透過飲食的節制，以及戒除不良嗜好等等方式，來加以導正及改善體質，避免病痛的發生或惡化。

健康就是財富，人往往在失去健康的時候才能體會到健康的可貴，但遺憾的是常常爲時已晚。因此，何不趁著現在，透過東方星理學的玄機，瞭解一下自己身體各部位的優劣狀況，給自己一個不用上醫院就能做的全身健檢呢？

在東方星理學的健康區塊這一篇中，可就每一種不同星宿入總部的人，分析其先天及行運中的體質變化與病變。而在討論健康區塊之前，必須對五行與中醫理論有一點基礎認識，學習時才能更快融會貫通。當然，五術之中，醫術博大精深，自成一體，欲通達此術絕非易事，在此我們只需有粗淺的認識即可。

中醫一門，亦是與五行息息相關，雖不一定要懂得望聞問切和內經十二經絡，但各個五行所代表的臟腑及生剋關係必須瞭解，例如：木、火、土、金、水分別代表肝、心、脾、肺、腎等器官。而在東方星理學中，各星宿本身也各具陰陽五行，將此二者加以連結，例如：近侍星五行屬木，因而主肝；使節星五行屬火，於是代表心臟；將軍星五行屬金，因此主肺經（呼吸系統）等等。

東方星理學源於道家，說法偏向於中醫的理論，有關於病症方面，除了前段所提按星宿五行來區分五臟六腑之外，另有依星性來區分器官，如：王爺星和皇后星分屬火、水，但也代表眼睛及視力；密探星雖屬水，但主口齒及肺經。

除此之外，亦有因星宿坐落的區塊而有所區別，所代表的病症，如貴妃星落Ⅳ位，代表膀胱不佳；但貴妃星若落於Ⅻ位，則代表皮膚過敏、濕疹、香港腳之類的毛病，因膀胱的部位在Ⅳ而不在Ⅻ位。而且星宿的組合不同，所代表的症候亦不相同，如使節星和近侍星同區塊時，主性病或血氣循環不好；而皇帝星和近侍星同一區塊，卻代表容易拉肚子，或是心臟問題。關於何星落入何區塊，代表何種病症？本單元將配合附表詳細說明。

健康區塊的含義涵蓋六個重點：

- ❖ 代表先天體質及病痛。
- ❖ 顯現心情及情緒。
- ❖ 影響基因區塊及相貌。
- ❖ 分析性能力的看法。
- ❖ 痣的分佈位置。
- ❖ 健康區塊的主星特性分析。

1 代表先天體質及病痛

健康區塊代表病痛，所以這個區塊不宜太旺，例如皇帝星或是王爺星入健康區塊，落於VII位，因爲星座過旺，反而代表多病痛，而且也浪費了這些強勢的星宿。

健康區塊內的星宿也不宜太多，因爲若是一種星宿代表一種病徵，多星自然代表多病。因此澇神星和僞裝星在健康區塊反而是最受歡迎的，雖不能使當事人病痛全免，但至少平時病痛較少也較輕，只有小限或流年走健康區塊時，才會顯現這個區塊所代表的病症。因此健康區塊有澇神星和僞裝星的人，其抵抗力反而較強。

至於當事人體質如何？易患何種疾病？共有三處可供參考：

- 總部星宿（與健康區塊同論）。
- 健康區塊內的星宿。
- 健康區塊內天干化出的阻礙星所落入的星宿。

當事人身上絕對離不開此三處星宿所代表的症狀。

健康區塊固然代表人一生先天具備的體質或遺傳基因，但大限的健康區塊，才是目前身體上的實際狀況。人的體質會隨著大限的轉移而改變，並且受大限總部、健康區塊的影響，所罹患的病症亦有所不同。

例如，有些人在壯年之時忽逢惡疾，驚險異常，遍訪名醫依舊藥石罔效，數年之後，竟然不藥而癒。這種情形就是運的問題，大限一過運過身安。

固定的健康區塊不佳，表示其先天體質不良及童年多病，並非永遠病歪歪的，除非行運中四化又落入健康區塊引動時才會引發，至於是何病症，須參考星宿再加以判斷。

使節星入總部，主心臟不好，易代表有癌症因子，但癌症有各種類型，如肝癌、肺癌……，易患何種癌症需看同區塊星座的組合。例如，使節星加阻礙星和後衛兵星，主骨癌；使節星和近侍星同區塊，主肝癌或子宮癌，尤以加煞星或阻礙星時更明顯；入總部或健康區塊同論。

刀械星入總部或健康區塊，若位於陷地多主小兒痲痺；若是同區塊的主星弱陷又加煞，則全身不利；若是主星旺，如軍師星多代表手部痲痺，而近侍星則代表足部的痲痺。

密探星主哮喘症及呼吸道問題，若入總部而健康區塊不佳，或是落入健康區塊於落陷之處，或是再加煞星者，則情況較嚴重，必須總部、健康區塊互相參考。而星座落於不同部位，則症狀有別。例如密探星落於Ｉ、Ⅶ位，主甲狀腺問題；位於Ⅳ位主藥物中毒；位於Ⅵ、Ⅺ位不利眼目；位於Ⅲ、Ⅸ位主呼吸器官等問題。

姻緣星入健康區塊，多有血液方面的問題，再觀察同區塊有哪些主星，才能斷其症狀。像是王爺星落位在陷地，大腸不佳，多便血；司庫星落於陷地或太旺，再逢姻緣星，多是主肺經方面的出血疾病，如咳血；若與皇帝星、宰相星同入健康區塊，多屬於脾胃方面有關的血疾，常見的如胃出血。這些星宿組合於行限時逢之，即有機會發生。若是再加上馬前卒星或流年的馬前卒煞星來沖，就可能有手術動刀的情況；若是有前述情形入健康區塊，而小限又走將軍星或前鋒星二星之一，同樣代表有開刀的現象。

基因區塊若有阻礙星落入，其對面的健康區塊必定受到直接影響，所患之症，多是不易痊癒的毛病，如果再有煞星落入基因區塊或健康區塊，則多是骨癆、肺癆（肺結核或糖尿病）等終身糾纏的問題。

女性若逢健康區塊旺，且有姻緣星入健康區塊，基因區塊又有煞星入坐，與健康區塊相沖，則生產時需要多加防範準備，易有生產時血崩或難產的危險；若行限逢此情形的星座組合，同樣做此論斷。

至於軍師星或座騎星皆屬動星，顧名思義，所代表的症狀多屬於流行性或傳染性的疾病，如流行性感冒、登革熱、各類型肝炎、肺炎等等，如果行運入健康區塊，可再參考大限的健康區塊來論斷爲何種病症。

除了上述因星宿的組合差異，造成諸多不同的病症之外，還有依區塊所代表的人體部位可用來區別病症。星盤每一區塊，各代表人的不同部位，例如：

<table>
<tr><td>右手
VI</td><td>頭部
VII</td><td>頸部
VIII</td><td>左手
IX</td></tr>
<tr><td>胸部
V</td><td colspan="2" rowspan="2">區塊所對應的人體部位</td><td>心臟
背部
X</td></tr>
<tr><td>腹部
IV</td><td>腎臟
卵巢
XI</td></tr>
<tr><td>右腳
III</td><td>肛門
II</td><td>下陰部
生殖器
I</td><td>左腳
XII</td></tr>
</table>

圖說：區塊所代表的人體部位。

以軍師星爲例，入總部或健康區塊於Ⅴ、Ⅺ位，才是代表肝膽之症，若是位於Ⅲ、Ⅸ、Ⅵ、Ⅻ位則代表四肢的毛病；若落入Ⅶ、Ⅷ位，則爲支氣管的問題。其餘可參照附表，即可了解不同部位所代表不同的徵狀。

此外，滂神星、糾纏星所拱、夾的部位，以及煞星、阻礙星對沖的部位，會有受傷而留下疤痕的情形。這種狀況是不論被夾、被拱的部位內落入何種星曜，或者不管是不是健康區塊而言，只針對區塊內所代表的人體部位而已。

人的五臟六腑不外乎肝、心、脾、肺、腎，歸納只有五行木、火、土、金、水五大類，除了考慮前述的星座組合、星性、區塊與人體部位等問題來判別病症以外，尚須考慮五行生剋的問題。必須以星宿五行與區塊五行來做生剋比較，還有同區塊內星宿的五行生剋，往往星宿被剋的毛病會顯現出來。

如火剋金，則金受害，因而多主肺病或呼吸器官方面的毛病；金剋木，多是肝膽有病；木剋土，不外乎脾胃之疾；而土剋水，則多是腎臟、子宮的問題；水剋火，代表心臟或眼睛疾病。以上各類症狀不需死背硬記，研習者可依照邏輯思考，並加上實際觀察，自然可融會貫通。

人的體質會隨著大限的轉移而有所改變，基本健康區塊不佳的，表示童年多病痛，但先天體質弱的人不代表一生一世都會有病痛纏身，而先天體質強者，也不見得都不會生重病。會不會生病？何時生病？生何種病？最重要的還是得看大限健康區塊與四化的情形而定。

例如總管星入總部或健康區塊的人，其泌尿系統較弱，此為先天體質。若是行運時大限的天干又為「7」，則會引動阻礙星落入固定健康區塊，致使當事人在泌尿系統方面的病症於這個大限發作；又或者大限走到與總管星五行屬性相同的星宿，如皇后星、貴妃星、副學士星等入大限的總部或健康區塊，而大限總部天干的四化又進入總部、或是大限的健康區塊，使其隱藏性泌尿系統方面的疾病發生或加劇，此時的四化可視爲一種導火線，無論是資源星、掌握星、顯耀星、阻礙星落入都算，只不過阻礙星較兇悍而已。

另外，若大限基因區塊有阻礙星，影響到大限的健康區塊，而此時大限總部或健康區塊又是水星遍布，那麼在小限或流年行至健康區塊時，便會引發病症。以上數種情形，在任何一個大限都有可能發生；若同時又遇到馬前卒星，恐怕就有開刀的可能了。

前面提到過，一個人體質的改變是以大限爲界，而不可能是三兩年即可改變的，造成的原因有多種，例如：

‧因爲前一個大限走王爺星和皇后星，作息不正常，常常熬夜或是日夜顛倒。一個大限有十年，長期的生活習慣不正常之下，漸漸造成生理和免疫系統的變化，並在十年後因為健康區塊被引動了，因而顯現出後遺症來。

・因為前一個大限的行政區塊非常旺，工作賣力時間長，長期勞心勞力，使得身體耗損過大，體力透支又疏於保養，幾年下來便出現職業病，因而需要好好維修一番。

・前一個大限走桃花，男歡女愛體力過度消耗，經年累月下來身體難免會出現狀況。

因此，一個人走什麼運？遇到什麼狀況？其生活型態與體質的變化會有相當的關聯性。若能了解其中緣故，好好地事前預防，必可免除許多人為因素所造成的病痛，或將其傷害減至最低的程度。例如，星盤中顯示當事人先天體質的肝功能欠佳，那麼可再觀察星盤研判何時引發？引發之前走何種運？屬於什麼原因造成？便可提前針對將會引發的病因加以控制，像是減少應酬、避免菸酒、不要常常透支體力等等。

若當事者屬於泌尿系統方面的問題，則可對甜食、過鹹或刺激性食品、豆類等加以節制，減低造成糖尿病、結石、或腎臟病變的發生機率。若能因而保持健康，減少病痛，這才不枉學習東方星理學所投注的心血，有錢難買健康的身體，預防總是好過於治療。

2 顯現心情及情緒

健康區塊除了表示身體病痛狀況之外，也和情緒有關。於是健康區塊內星宿的好壞，也可以反映出一個人心情的好壞。因爲健康區塊若不好，有病在身，情緒必然煩躁、鬱悶，嬰孩尤其明顯；成年人當然另有其他因素存在，像是行運時行政區塊不佳，則容易爲了事業前途而煩惱，若是此時健康區塊還不錯的話，心情倒是可以很快平復，比較樂觀看待；若是健康區塊落入阻礙星或加煞星的話，當事者的表現則會比較焦慮、煩躁，想法也較鑽牛角尖、負面悲觀一點。因此健康區塊只是表示心情的好壞，其原因則要視行運概況，以及各區塊的互動情形來判定。

小限或流年太歲走健康區塊時，該區塊引動，當事人的情緒就會出現起伏不定的情形，例如易怒、易暴躁、易有無名火上身，心情煩悶，至於煩什麼？有時連自己都覺得莫名其妙。此時若是區塊內又落入煞星、阻礙星，則情緒起伏更大。

3 影響基因區塊及相貌

健康區塊的對面是基因區塊，而基因區塊又稱為「相貌區塊」，這並不是代表當事人的長相要看基因區塊內星宿，而是單指「臉部」

的意思。因此，健康區塊內星宿的好壞，會直接對相貌造成影響。例如，健康區塊內有煞星對沖基因區塊，則相貌必會受損，也就是「破相」。其範圍包括整個臉部，包括門牙都算。像是摔倒使得門牙摔斷了，或是不留意受傷而使臉上留下傷疤等等。此類多半是因外來因素造成的，若是兔唇、缺耳等屬於先天性的，稱為「殘缺」，並不列入破相的範圍之內。

若是健康區塊有煞對沖而來，代表童年就破相。若行運中煞星落於總部或大限的健康區塊，則在這個大限便有破相的可能；除了影響相貌之外，同時也會影響基因區塊。例如基本的健康區塊有煞星或阻礙星落入，或是對沖，若對面的基因區塊旺的話還好，只是與父母的緣分較淡，若是基因區塊同樣落陷不佳的話，則父母中會有一位早亡或分離。

現代醫學與科技進步，符合「破相」行運機率的，很有可能是

「花錢整修門面」，醫美是新興行業，愛美和抗老化也是人性的基本需求，所以以今日來看，「破相」不一定是壞事。

4 分析性能力的看法

在前面晚輩區塊中曾提到過，晚輩區塊代表性需求，也就是性慾的強弱，而健康區塊代表的是性能力，因此，兩個區塊必須搭配參看。一般來說，就性方面而言，並不以落入星宿的吉凶來判斷，而是以區塊內星宿的旺弱來決定其能力。

尤其區塊內若有將軍星、前鋒星、近侍星、四煞星等破壞力較強的星宿坐守時，則代表當事人活力充沛、興致旺盛；若區塊內坐落貴妃星、皇后星、監察史星等柔性星座時，便可能心如止水或力不從心；若再加上星座落陷、且阻礙星又落在I位，恐怕該器官有故障報修的可能。

因爲I位的對應部位是生殖器，與性事有關的問題亦要參考這個部位。通常在I、VII位有阻礙星的，比較容易有機能故障的情況發生。同樣地，性能力的強弱也會隨著大限的更換而改變，大限轉移，健康區塊也隨著變動，於是體質改變了，性能力亦會有所差別，但無法扭轉的仍是年齡與體力的差距。

5 痣的分佈位置

痣的看法，是以區塊所代表的身體部位爲主。痣的顏色有黑、有紅，痣的輪廓有大有小，形狀有平的、凸的，亦有長毛的。另外還有一種稱爲胎記，常見的有綠色、暗紅色及褐色，這些都是人體上特有的記號。

在東方星理學中，研究痣所落的部位與相學無關，並非是論其吉痣或凶痣的問題，而是以其所落入的部位，來輔助印證生辰的正確性，並能使當事人更加信服而已。以下簡單說明各種會形成痣或胎記的星宿：

• 正學士星或副學士星入總部者，其三合位逢火神星、旱神星的話，身上必有異痣。其部位會在健康區塊或總部天干引動阻礙星的位置。如果總部天干引動的阻礙星落在XII位，則表示他的痣會落在下腹部或左腳。

一般來說，正、副學士星所形成的痣多半是小小顆的，又如散彈般分佈；而監察史星在I、VII位並加上庫銀星所形成的痣，多半是大顆而且有毛。

• 不論是否落在總部，只要星盤中的正、副學士星遇到火神星、旱神星的區塊，這個部位會有小紅痣出現。某些痣並非一生下就有，而某些痣也會在數年之後消失；尤其當運行正、副學士星的大限時，身上會再長很多小痣出來，運過又退掉，研習者不妨細心觀察。

•總部、分部有右護法星者，其所落入的區塊也有異痣或胎記。

•軍師星、監察史星落於I、VII位，或皇帝星、近侍星落於I、VII位，且逢庫銀星或資源星的話，必有暗痣（隱密之處的痣），其部位在臉上或下陰部。

•密探星加煞星所坐落的區塊，必有異痣。

•近侍星逢四化的部位，會有暗痣。也就是西元出生年尾數為8、9、3的人，近侍星必逢四化。至於落在什麼區塊、屬於什麼部位，則因星盤而異。

•馬前卒星所沖的部位亦有痣。例如馬前卒落在I位，沖VII位，則痣會長在臉部。

•貴妃星加煞星所在的區塊，會有痣或斑痕。

・正、副學士星在Ⅴ、Ⅺ對照，也就是晚上十一到到凌晨一點以及上午十一到下午一點出生的人，其胸部與背部會有痣出現。

6 健康區塊的士星特性分析

請參見下列幾張圖示說明：

皇帝星

皇帝將軍 • 胃下垂 • 胰臟	皇帝 • 胃脹氣	皇帝前鋒 • 男主早洩 • 女主經期退後	皇帝宰相 • 胃燥 • 胃脹氣 • 打嗝
皇帝總管 • 胃寒 • 胃酸過多	主脾胃之疾、濕氣、雜癆等症。		皇帝近侍 • 心血管 • 心臟瓣膜閉鎖不全 • 脾熱 • 食慾不佳 • 小限走到腹瀉
皇帝近侍 • 消化系統 • 小限走到腹瀉 • 脾熱 • 食慾不佳			皇帝總管 • 會煞星主腎結石
皇帝宰相 • 脾胃 • 胃燥 • 脹氣	皇帝前鋒 • 男主早洩 • 女主經期後退 • 斷掌 • 慣用左手	皇帝 • 胃脹氣 • 放臭屁	皇帝將軍 • 胃下垂 • 胰臟

軍師星

<table>
<tr>
<td>軍師

• 四肢的毛病、受傷</td>
<td>軍師

• 支氣管問題
• 甲狀腺問題</td>
<td>軍師

• 濕疹
• 皮膚過敏
• 筋骨不佳</td>
<td>軍師 皇后

• 四肢痠痛（神經痛）
• 加火神星、旱神星，主富貴手</td>
</tr>
<tr>
<td>軍師 監察史

• 皮膚黃
• 男主腎虛，女經血少
• 加馬前卒、後衛兵，主肝硬化
• 加火神星、旱神星，主肝炎</td>
<td colspan="2" rowspan="2">• 主肝膽之疾，性躁驚恐之類。
• 女命經血虧損，經期不順等症狀。
• 流行性疾病。
• 四肢、筋骨問題。
• 小限走到，屬於手部問題。</td>
<td>軍師 密探

• 心律不整
• 藥物中毒（酒精、毒品、誤診吃錯藥）</td>
</tr>
<tr>
<td>軍師 密探

• 女多經痛
• 藥物中毒（酒精、毒品、誤診吃錯藥）
• 膀胱炎
• 會煞星，主膀胱結石</td>
<td>軍師 監察史

• 皮膚黃
• 男主腎虛，女經血少
• 加馬前卒、後衛兵，主肝硬化
• 加火神星、旱神星，主肝炎</td>
</tr>
<tr>
<td>軍師 皇后

• 四肢痠痛（神經痛）
• 加火神星、旱神星，主富貴手
• 香港腳</td>
<td>軍師

• 濕疹
• 皮膚過敏
• 筋骨不佳</td>
<td>軍師

• 支氣管問題
• 甲狀腺問題</td>
<td>軍師

• 四肢的毛病、受傷
• 骨質疏鬆</td>
</tr>
</table>

王爺星

<table>
<tr>
<td>王爺
• 高血壓
• 頭痛</td>
<td>王爺
• 高血壓
• 偏頭痛</td>
<td>王爺 皇后
• 眼疾
• 視力減退
• 病情反覆難根治
• 睡眠問題</td>
<td>王爺 密探
• 呼吸道問題
• 支氣管過敏</td>
</tr>
<tr>
<td>王爺
• 胸悶
• 呼吸不順</td>
<td colspan="2" rowspan="2">• 頭部問題。
• 血壓高。
• 大腸問題。
• 肝火過旺。
• 眼疾，近視、斜視、失明等。</td>
<td>王爺 監察史
• 心肌梗塞
• 眼疾
• 加煞星，主斜眼、鬥雞眼</td>
</tr>
<tr>
<td>王爺 監察史
• 腸胃問題
• 肝火旺</td>
<td>王爺
• 大腸問題
• 消化系統問題</td>
</tr>
<tr>
<td>王爺 密探
• 呼吸道問題
• 支氣管過敏</td>
<td>王爺 皇后
• 眼疾
• 視力減退
• 痔漏便血</td>
<td>王爺
• 大腸問題
• 痔漏便血</td>
<td>王爺
• 眼睛
• 視力問題</td>
</tr>
</table>

司庫星

<table>
<tr>
<td>司 前
庫 鋒

• 四肢外傷、扭傷、撞傷
• 肺經</td>
<td>司 宰
庫 相

• 心臟疾病</td>
<td>司 近
庫 侍

• 濕疹
• 皮膚過敏</td>
<td>司 總
庫 管

• 腎臟問題
• 腳部水腫</td>
</tr>
<tr>
<td>司
庫

• 肺疾
• 支氣管問題</td>
<td colspan="2" rowspan="2">• 主肺經之疾（鼻子、呼吸道、喉嚨、肺部）。
• 咳嗽、鼻塞、肝旺、大腸問題。</td>
<td>司 將
庫 軍

• 心臟無力
• 血液循環不良
• 膽小</td>
</tr>
<tr>
<td>司 將
庫 軍

• 心臟、血液循環不良
• 膽小
• 支氣管問題</td>
<td>司
庫

• 肺疾
• 支氣管問題</td>
</tr>
<tr>
<td>司 總
庫 管

• 腎臟問題
• 腳部水腫</td>
<td>司 近
庫 侍

• 濕疹
• 皮膚過敏</td>
<td>司 宰
庫 相

• 腸胃問題
• 子宮癌（配合司庫星加阻礙星才成立）</td>
<td>司 前
庫 鋒

• 四肢外傷、扭傷、撞傷
• 肺經</td>
</tr>
</table>

貴妃星

<table>
<tr>
<td>貴妃
• 胃下垂</td>
<td>貴妃 皇后
• 小時後容易尿床
• 中年後易患糖尿病
• 內分泌失調</td>
<td>貴妃 密探
• 心氣不足，容易倒嗓
• 聲音疾病</td>
<td>貴妃 監察史
• 腎氣不足
• 腸胃問題</td>
</tr>
<tr>
<td>貴妃
• 膀胱問題
• 會煞星時會有吸毒現象</td>
<td colspan="2" rowspan="2">• 主泌尿系統。
• 膀胱問題。
• 疝氣。
• 風濕。
• 注意血糖。</td>
<td>貴妃
• 膀胱不好
• 口腔問題</td>
</tr>
<tr>
<td>貴妃
• 膀胱不好
• 尿失禁</td>
<td>貴妃
• 膀胱問題
• 會煞星時會有吸毒現象</td>
</tr>
<tr>
<td>貴妃 監察史
• 腎氣不足
• 腸胃問題</td>
<td>貴妃 密探
• 疝氣
• 膀胱無力
• 僂管病變</td>
<td>貴妃 皇后
• 小時後容易尿床
• 中年後易患糖尿病
• 易掉頭髮</td>
<td>貴妃
• 皮膚過敏
• 濕疹
• 香港腳</td>
</tr>
</table>

使節星

<table>
<tr>
<td>使節近侍

• 性病
• 男性多肝癌
• 女性多子宮癌或血氣循環不佳</td>
<td>使節總管

• 膀胱無力
• 縱慾過度引起腎虛，或生殖器官問題</td>
<td>使節將軍

• 火氣大</td>
<td>使節

• 皮膚過敏</td>
</tr>
<tr>
<td>使節宰相

• 過敏
• 胃疾
• 皮膚不好
• 加阻礙星＝肝硬化</td>
<td colspan="2" rowspan="2">• 主心臟問題。
• 癌症、性病、肝火旺、失眠。
• 童年時最容易受驚、發燒。
• 使節星加上阻礙星、後衛兵星，主骨癌。</td>
<td>使節前鋒

• 心臟問題
• 心律不整</td>
</tr>
<tr>
<td>使節前鋒

• 膀胱炎</td>
<td>使節宰相

• 腸胃不好
• 過敏</td>
</tr>
<tr>
<td>使節

• 肝火旺
• 心臟問題</td>
<td>使節將軍

• 膽小
• 肛門問題
• 內痔</td>
<td>使節總管

• 膀胱無力
• 縱慾過度引起腎虛，或生殖器官問題
• 攝護腺問題</td>
<td>使節近侍

• 血氣循環不好
• 四肢外傷
• 性病
• 男性多肝癌
• 女性多子宮癌或血氣循環不佳
• 易長青春痘</td>
</tr>
</table>

健康區塊

宰相星

<table>
<tr>
<td>宰
相

• 胃火旺
• 口臭
• 女命經期提早</td>
<td>司 宰
庫 相

• 心臟問題</td>
<td>宰
相

• 胃疾</td>
<td>皇 宰
帝 相

• 皮膚不好
• 胃脹氣</td>
</tr>
<tr>
<td>使 宰
節 相

• 皮膚不好
• 過敏
• 胃疾
• 加阻礙星，主肝硬化</td>
<td colspan="2" rowspan="2">• 主脾胃不佳，寒弱、氣結膨脹。
• 遇屬火星宿，主燥，遇屬水星宿，主寒。
• 遇火神星、旱神星，主胃出血。
• 遇後衛兵星，主胃下垂。
• 需留意遇到的星座，若遇屬木星座必是肝引起的胃疾。</td>
<td>宰
相

• 胃下垂
• 胃出血</td>
</tr>
<tr>
<td>宰
相

• 胃下垂
• 胃出血</td>
<td>使 宰
節 相

• 腸胃不好
• 皮膚不好
• 過敏
• 肝硬化</td>
</tr>
<tr>
<td>皇 宰
帝 相

• 皮膚不好
• 脹氣</td>
<td>宰
相

• 痔瘡</td>
<td>司 宰
庫 相

• 腸胃問題
• 加阻礙星，男為生殖器問題，女為子宮癌</td>
<td>宰
相

• 香港腳
• 女命經期延後</td>
</tr>
</table>

皇后星

<table>
<tr>
<td>皇后
• 逢火神星、旱神星，主富貴手。</td>
<td>皇后 貴妃
• 膀胱問題
• 風濕
• 疝氣</td>
<td>皇后 王爺
• 眼疾、視力減退
• 眉棱骨痠痛</td>
<td>皇后 軍師
• 四肢痠痛（神經痛）
• 加火神星、旱神星，主富貴手</td>
</tr>
<tr>
<td>皇后
• 眼睛視力問題
• 脾濕、水腫、有斑</td>
<td rowspan="2" colspan="2">• 主陰虧、糖尿病、疝氣、小腸、盲腸、眼睛等問題。
• 易暈車。
• 生活作息不正常有關的毛病
• 健康區塊落入屬水的星座，且此區塊天干四化的阻礙星落入Ⅰ、Ⅶ位的皇后星或貴妃星，主疝氣等問題。</td>
<td>皇后
• 盲腸
• 消化系統不好</td>
</tr>
<tr>
<td>皇后
• 消化系統問題
• 十二指腸、盲腸</td>
<td>皇后
• 盲腸問題</td>
</tr>
<tr>
<td>皇后 軍師
• 四肢痠痛（神經痛）
• 加火神星、旱神星，主富貴手
• 香港腳</td>
<td>皇后 王爺
• 眼疾
• 視力忽好忽壞</td>
<td>皇后 貴妃
• 小時易尿床
• 膀胱問題
• 風濕
• 疝氣</td>
<td>皇后
• 濕疹
• 香港腳</td>
</tr>
</table>

健康區塊

近侍星

<table>
<tr>
<td>使節　近侍
• 性病
• 男性多肝癌
• 女性多子宮癌或血氣循環不佳</td>
<td>近侍
• 長癬
• 皮膚病</td>
<td>司庫　近侍
• 濕疹
• 皮膚過敏</td>
<td>近侍
• 神經痛</td>
</tr>
<tr>
<td>近侍
• 遇馬前卒、後衛兵，主食物中毒</td>
<td colspan="2" rowspan="2">• 肝膽之疾，脾胃不佳。
• 風濕、白癬、帶狀皰疹。
• 腳部神經痛。
• 小限健康區塊若近侍星加上阻礙星，主性病。</td>
<td>皇帝　近侍
• 心血管
• 心臟瓣膜閉鎖不全
• 脾熱
• 食慾不佳
• 小限走到腹瀉</td>
</tr>
<tr>
<td>皇帝　近侍
• 脾熱
• 食慾不佳
• 小限走到腹瀉</td>
<td>近侍
• 遇馬前卒、後衛兵，主食物中毒</td>
</tr>
<tr>
<td>近侍
• 神經痛
• 消化系統</td>
<td>司庫　近侍
• 濕疹
• 皮膚過敏</td>
<td>近侍
• 若無阻礙星，多屬肝疾</td>
<td>使節　近侍
• 血氣循環不好
• 四肢外傷
• 性病
• 男性多肝癌
• 女性多子宮癌或血氣循環不佳
• 易長青春痘</td>
</tr>
</table>

密探星

<table>
<tr>
<td>密探

• 眼疾</td>
<td>密探

• 支氣管問題
• 甲狀腺問題
• 莫名頭痛</td>
<td>貴妃 密探

• 氣不足，容易倒嗓
• 聲音疾病
• 密探星加阻礙星，主口吃</td>
<td>王爺 密探

• 呼吸道問題
• 支氣管過敏</td>
</tr>
<tr>
<td>密探

• Ⅴ、Ⅸ位，主胸悶
• 暴食沖傷</td>
<td rowspan="2" colspan="2">• 主氣管炎、哮喘、毒品、十二指腸、口腔、皮膚病、眼目問題。
• 遇火神星、旱神星，主聾啞。
• 加馬前卒、後衛兵，主生殖器問題。</td>
<td>軍師 密探

• 心律不整
• 藥物中毒（酒精、毒品、誤診吃錯藥）</td>
</tr>
<tr>
<td>軍師 密探

• 女多經痛
• 藥物中毒（酒精、毒品、誤診吃錯藥）
• 膀胱炎
• 會煞星，主膀胱結石</td>
<td>密探

• Ⅳ、Ⅺ位加上阻礙星，主胃病、十二指腸潰瘍
• 男性主腎虛，加阻礙星或煞星單守，主精冷</td>
</tr>
<tr>
<td>王爺 密探

• 呼吸道問題
• 支氣管過敏</td>
<td>貴妃 密探

• 攝護腺問題
• 瘻管病變、疝氣
• 加阻礙星，主大腸癌</td>
<td>密探

• 支氣管問題
• 甲狀腺問題</td>
<td>密探

• 眼疾</td>
</tr>
</table>

總管星

總管 • 腎臟問題	**總管 使節** • 膀胱無力 • 縱慾過度引起腎虛，或生殖器官問題	**總管** • 糖尿病 • 濕疹 • 下部問題	**總管 司庫** • 腎臟問題 • 腳部水腫
總管 皇帝 • 胃寒 • 胃酸過多	主膀胱問題、糖尿病、寒濕、血氣疾病。		**總管** • 膀胱不好 • 逢煞星主膀胱結石
總管 • 膀胱問題 • 逢煞星主膀胱結石			**總管 皇帝** • 會煞星主腎結石
總管 司庫 • 腎臟問題 • 腳部水腫	**總管** • 糖尿病 • 濕疹 • 下部問題	**總管 使節** • 膀胱無力 • 縱慾過度引起腎虛，或生殖器官問題 • 攝護腺問題	**總管** • 腎臟問題

監察史

監察史 • 皮膚病 • 濕疹 • 過敏	監察史 • 胃火旺 • 失眠	監察史 • 胃酸過多	監察史 貴妃 • 腎氣不足 • 腸胃問題
監察史 軍師 • 皮膚黃 • 男主腎虛，女經血少 • 加馬前卒、後衛兵，主肝硬化 • 加火神星、旱神星，主肝炎	• 主脾胃不佳、腿腳浮腫、胃火旺。 • 大限健康區塊有軍師星和監察史星同入，男主腎虛，女主性冷感。		監察史 王爺 • 心肌梗塞 • 眼疾 • 加煞星，主斜眼、鬥雞眼
監察史 王爺 • 腸胃問題 • 肝火旺			監察史 軍師 • 皮膚黃 • 男主腎虛，女經血少 • 加馬前卒、後衛兵，主肝硬化 • 加火神星、旱神星，主肝炎
監察史 貴妃 • 腎氣不足 • 腸胃問題	監察史 • 胃酸過多	監察史 • 胃寒 • 性能力不足	監察史 • 皮膚病 • 濕疹 • 過敏

健康區塊

將軍星

<table>
<tr>
<td>皇帝將軍
• 胃下垂
• 胰臟</td>
<td>將軍
• 加馬前卒，主暴怒、吐血、咳嗽、支氣管問題</td>
<td>使節將軍
• 火氣大
• 心臟</td>
<td>將軍
• 四肢外傷</td>
</tr>
<tr>
<td>將軍
• 內傷
• 癆傷</td>
<td colspan="2" rowspan="2">• 主肺經問題，暴怒傷肝、癆傷（肺結核）、 肋炎（前胸）、吐血或大腸乾濕不定（拉肚子或便秘）。
• 女性健康區塊有將軍星加姻緣星，主血崩。
• 女性健康區塊有將軍星會馬前卒、刀械星，主剖腹生產。</td>
<td>司庫將軍
• 心臟無力
• 血液循環不良
• 膽小</td>
</tr>
<tr>
<td>司庫將軍
• 心臟、血液循環不良
• 膽小
• 支氣管問題</td>
<td>將軍
• 內傷
• 癆傷</td>
</tr>
<tr>
<td>將軍
• 四肢外傷</td>
<td>皇帝前鋒
• 膽小
• 肛門問題
• 內痔</td>
<td>將軍
• 便秘
• 加馬前卒，主暴怒、吐血、咳嗽、支氣管問題</td>
<td>皇帝將軍
• 胃下垂
• 胰臟</td>
</tr>
</table>

前鋒星

<table>
<tr>
<td>司庫
前鋒
• 斷掌
• 慣用左手
• 四肢外傷、扭傷、撞傷</td>
<td>前鋒
• 破相
• 甲狀腺問題</td>
<td>皇帝
前鋒
• 男主早洩
• 女主經期退後</td>
<td>前鋒
• 斷掌
• 慣用左手
• 四肢外傷、扭傷、撞傷</td>
</tr>
<tr>
<td>前鋒
• 腎臟病</td>
<td colspan="2" rowspan="2">• 主陰虧、陽痿、月經不調、白帶、小腿、腿痛腿疾。
• 水厄。
• 前鋒星加煞星，主破相，或是眼皮一單一雙。
• 前鋒星逢馬前卒、後衛兵、刀械星，主手術、血光之災。
• 健康區塊入將軍星、前鋒星、近侍星，酒量較好。</td>
<td>使節
前鋒
• 心臟問題
• 心律不整</td>
</tr>
<tr>
<td>前鋒
• 腎臟病</td>
<td>前鋒
• 腎臟病</td>
</tr>
<tr>
<td>前鋒
• 四肢外傷</td>
<td>皇帝
前鋒
• 男主早洩
• 女主經期後退
• 斷掌
• 慣用左手</td>
<td>前鋒
• 內分泌問題
• 男主精冷、遺精
• 女主白帶多</td>
<td>司庫
前鋒
• 四肢外傷、扭傷、撞傷
• 長短腳</td>
</tr>
</table>

關於其他副星和輔助星，落於健康區塊的代表症狀：

正學士：視力及自律神經系統，肺部咳嗽之類，在II、VIII、V、XI位加入阻礙星，女命輸卵管有疾。

副學士：視力及中樞神經系統，上火下寒，陰分虧損，容易抽筋。

左護法：脾胃不佳，腿腳浮腫及濕熱症狀。

右護法：陰虧陽痿，先天不足，精神不好，經水不足。

科舉星：暴怒傷肝，皮膚病及一切火症，拉肚子、大腸蠕動不佳。

貴人星：消化系統問題，多脊柱骨病變。若會到澇神星、糾纏星，大腸蠕動不良。

火神星：聾啞，加上正、副學士星主智能有損、濕疹及一切火症，皮膚不好、皮膚病、香港腳。

旱神星：頭部疾病，偏頭痛，虛火上升，皮膚過敏。

澇神星：腹疾，手腳疾病及體質上火下寒（但疾病不易顯現）。

糾纏星：手足之症，胃病、癌症。澇神星、糾纏星會座騎星，主有手淫的習慣。

庫銀星：脾胃問題，陰虧陽痿，脹氣、咳嗽等。主胖，同樣主消災解厄。

馬前卒：肺部疾病。加王爺星，主口歪眼斜；加正、副學士星，癲癇；若入Ⅶ Ⅷ位，可能受刀槍外傷。

後衛兵：肺病咳血，面部有傷；臭頭、濕氣、脊骨突出，筋骨痠痛、鐵石外傷。入總部或健康區塊，易長肉瘤。

資源星：脾胃問題，需與庫銀星互相參看，視四化落入的主星才能定病症，主胖。

掌握星：肝旺，需與近侍星相參看，主雙，有兩種病症或有併發症，怕死。

顯耀星：陰虛水虧、膀胱等問題，需與副學士星一同參看。

阻礙星：腎寒、陰虛、經冷、經血不調；遇王爺星則顯示爲眼疾；遇皇后星則下寒、白帶多；阻礙星於健康區塊容易把病症引發出來。

姻緣星：紅血球過多，主血液方面的疾病，主血友病、貧血。

刀械星：肝火旺心急，脾胃問題，肺熱咳嗽等症狀；與馬前卒同論，主血光。

才藝星：陰虛、膀胱濕熱、遺漏之類，性花樣較多。

偽裝星：平日身體好，不容易生病，一旦患病則較難根除。

孤枕星：急熱、中暑、悶鬱等症。

寡宿星：風火癆傷、氣悶、性躁、下寒等症。

鬼魅星：代表隱藏性疾病，或是因喪事受驚，沖到中邪。

座騎星：男性有手淫、遺精的現象；女性白帶多。多屬流行性疾病。

外緣區塊

人生際遇因人而異，過去社會以務農爲本，除了經商者以及爲官或從軍之人，一般尋常百姓少有遠行機會，於是生於斯、長於斯、老於斯，絕大多數的人終其一生都不曾離開過家鄉。

隨著時代演進，交通工具的日新月異，今日已經是個地球村的時代，天涯海角都可在短短時間內到達，於是工作出差、訪友遊玩、甚至每天往返兩個城市、兩個國家工作的大有人在，時代背景已與過去大相徑庭，不可同日而語。

今日社會工商業繁榮，鄉村人口外移，都市人口密集，年輕人多半往外走尋求更多機會，離鄉背井外漂者不少，然而有人能在他鄉得意，拚鬥數年之後得以衣錦還鄉；同時也有人潦倒他鄉，舉目無親，有家歸不得，原本所抱持的理想已漸行漸遠。

因此，一個人一生何時會遠離家鄉？因公或因私？在他鄉是否能發展順遂？這些都可以從星盤的外緣區塊中窺出端倪。

外緣區塊的含義涵蓋七個重點：

❖ 直接影響總部的運作。
❖ 代表意外發生的機率。
❖ 代表暗藏的人格特質。
❖ 表示在外的活動力。
❖ 人際關係的好壞。
❖ 代表遠行、異動的位置。
❖ 外緣區塊的主星特性分析。

1 直接影響總部的運作

在東方星理學中，任何一個區塊的好壞與旺弱，都不能單單以所指的那一個區塊本身的吉凶旺弱來論斷，而是要就那一個區塊的三方併入一同參看。例如，要看財政區塊的好壞，除了看財政區塊本身的吉凶旺弱之外，連財政區塊的三方：總部、欲望、行政區塊的好壞，都需列入考量。尤其以財政區塊對面的欲望區塊，影響更是直接，因為只要在欲望區塊加入煞星且無主星克制的話，財政區塊就破了，而財逢破並非無財，而是無福消受，影響巨大。關於財政區塊前面篇幅已經提過，此處不再重複。

因此，外緣區塊位在總部的對面，有直接的影響力，而總部主宰著一個人的一切思維，故而外緣區塊可以直接影響一個人命格的高低。因爲一個人命格的高低影響當事人一生的作爲甚巨，而要論及一個人的命格，同樣需以其總部的三合來看，即：財政區塊、外緣區塊、以及行政區塊，其中尤以外緣區塊特別重要。

即使一個成格的星盤，卻在其外緣區塊落入一顆凶而無制的煞星，那麼再好的格局也是枉然，只不過虛有其表罷了，這也就所謂的「破格」。

例如，司庫星、宰相星入Ⅰ、Ⅶ位總部，若是三合無破，多爲巨商高賈，加上吉星則更是財發億萬之格。之前提到過，成格無破的話，則先論格局，財政和行政區塊次之；但若是在總部的對面外緣區塊將軍星坐守之處加入一顆煞星，尤其是馬前卒、旱神星，那麼就算原來這個格局再好，也是美玉有瑕疵，身價大跌，難有大作爲了。此時格局逢破，必須就財政、行政區塊再做判斷，若是財政和行政區塊不錯，行運也不錯的話，依然可以小有成就。若是財政和行政區塊欠佳，行運又不好的話，四處借錢，甚至負債累累的大有人在。因此外緣區塊的作用力相當重要，不可小覷。

2 代表意外發生的機率

外緣區塊內星宿組合的好壞，關係著一個人的外出安全。俗話說「天有不測風雲，人有旦夕禍福」，一個人在外平安與否？會遇到什麼樣的挫折、困擾、或意外，必須看外緣區塊的吉凶。而外緣區塊所代表的意外，單指出門在外時所遭遇到的意外狀況，這一點有別於房產區塊不好時所代表的意外。

房產區塊的意外是屬於發生在家裡的，且多是因爲自己的大意或疏忽所造成。舉凡火災、瓦斯漏氣、地板太滑而摔倒，因烹飪而燙傷或割傷等等。而一旦離開了自己的住家以外的地方，所發生的意外則歸於外緣區塊的範圍，且大多爲不可抗力，要避免也較不容易，例如山難、海難、空難、車禍、仇殺、扒竊、勒索等等。

外緣區塊有煞星或阻礙星坐守時，當事人發生意外的頻率會較其他人來得高。而發生的是什麼樣的意外，需視其區塊內星宿性質來做判斷的依據。例如，外緣區塊有軍師星坐守，因爲軍師星代表舟車，因此當事人在交通方面的意外頻率往往會高出常人數倍。

如果外緣區塊有前鋒星和副學士星的組合，因爲此二星犯水厄的機率特別高，爲了安全考量，到海邊、水邊、岸邊都要特別留意，保持距離以策安全。

外緣區塊不好，只是有意外的徵兆，但是意外歸意外，身體受不受傷卻另當別論，因此是否會因意外而受傷，則要將健康區塊納入參考之列。

例如，外緣區塊不好，有車禍之兆，但健康區塊卻無恙，那麼可能表示所發生的意外屬於虛驚一場，或是車毀人安。但若同時間健康區塊也不好，而且行運有血光之兆，那麼最好還是三思而後行，以免皮肉之苦。

如果僅以車禍一事而言，起因有分內外，若是小限走到，爲內在因素，意即可能是自己疲勞駕駛、酒駕、或是因爲疏忽或是視線不良，自己駕車撞到別人或別車；若是太歲走到，屬於外在因素造成，也就是好端端的，因別人的違規或上列原因而被撞上，甚至車子停在路邊也可能遭到無妄之災。至於會不會掛彩，一樣要參看健康區塊；是否需要理賠，則可進一步參照財政區塊。其餘意外事件，亦是依此同論，來區分內外因素。

至於外緣區塊不好所代表的意外會在何時發生呢?首先須視其大限狀況。星盤上的外緣區塊不佳，並非此人永遠都處在槍林彈雨中，而基本星盤的外緣區塊好的人，也並非一生出門在外都不會出事，老天爺是公平的，所謂十年風水輪流轉，好壞都輪得到，只不過是發生的時間或早或晚，以及程度輕重與意外的種類不同而已。

外緣區塊所代表的意外發生時間點：

- 流年或小限走外緣區塊，且該區塊不佳時。
- 運限的四化引動外緣區塊，且該區塊組合凶時。
- 阻礙星或煞星入大限外緣區塊，而小限或流年又走到時。
- 小限或太歲的外緣區塊有煞星、阻礙星落入時。

關於外緣區塊不好時所發生的意外輕重程度的辨別，首先需看大限外緣區塊如何？若是還不錯，那麼雖基本星盤的外緣區塊不好，亦不致發生多大的事故；而在小限或流年走到，且小限或流年的外緣區塊也不好時，雖有意外，但無大礙。

反之，若大限外緣區塊不好，則當事人勢必在該大限內，凡有引動外緣區塊的年度，再加上當年的小限及流年的外緣區塊都不吉時，需要特別小心加以防範。其程度較前者嚴重，尤其以運行澇神星、糾纏星照會時更加不利。

3 代表暗藏的人格特質

人生如戲，戲如人生，爲了掩飾人性的弱點，大多數人或許都曾帶著假面具來面對生活，人心難測，許多人、事、物眞眞假假，令人難以分辨，是非黑白使人難以釐清。

一般說來，我們對一個人的瞭解方法，不外乎是靠與對方的溝通相處，但這卻需要花上很長時間，可能都還未必能準確得知。厲害一點的是憑藉自己豐富的閱歷，以及敏銳的觀察力以洞悉對方，但若面對的是一個城府深、手段圓滑，又能不動聲色的人，來個扮豬吃老虎，那麼對其所知亦是極爲有限。當然也有憑著直覺印象去揣測對方的，但最多也只不過能感覺對方是好或不好相處而已，無法實際瞭解對方眞正的愛好喜惡及心性。

外緣區塊在這方面而言，可以補救因識人不清而遇人不淑的缺憾。一個人的長相、特徵、個性，固然是以總部爲主，但這些都只是當事人表現在外的表徵而已，並且是爲了面子可以僞裝隱藏的。

總部與外緣區塊互爲表裡，在指事方面，總部爲自己，外緣區塊爲外面；但在心性方面則相反，總部爲表面，而外緣區塊才是當事人內在的隱藏個性，並且是無法掩飾的，只是暗藏在細節中、小動作裡。

外緣區塊中的星宿性質雖爲當事人的暗藏個性，但平常卻不會表現出來，唯有在人心緒低潮、害怕、暴怒，以及情急之下，才會毫無防備、不假修飾的顯露出來。於是常聽人家說：「借錢一個臉，還錢一個臉」以及「露出眞面目」等等，都是形容一個人的表裡不一致。

當然這個隱藏性格也不是沒有好的，像是：亂世辨忠奸、患難見眞情等等，更說明了當一個人在面臨利害衝突、危急與抉擇之時，所表現出內心深處可貴或可怕的眞實心性。

外緣區塊裡的訊息，無疑是最有效率的最佳觀心術，透過外緣區塊也可以對自己、對別人有更深一層的瞭解與認識，這尤其對從事與外交、公關、貿易、服裝業等行業的工作者，或在投資夥伴的選擇方面，有莫大的幫助。

至於外緣區塊中的暗藏個性，是按區塊內星性，並且比較總部的方式來論斷。例如，總部坐宰相星者，性急甚於將軍星入總部者，因爲總部落宰相星的人，其外緣區塊必爲將軍星的緣故；又例如總部在III、IX位落使節星的人，因其外緣區塊必爲近侍星，因此遠比總部直接坐近侍星的人還要貪心和花心。

若外緣區塊無主星的話，需借總部的星宿來用，這麼一來，總部和外緣區塊的星宿一樣，代表當事人較不善僞裝，因此這種人表裡較爲一致。

4 表示在外的活動力

外緣區塊亦代表一個人在外面的活動情形，區塊內星宿的旺弱與總部相互比較，可判斷這個人參與社會活動的能力和心態，例如：

- 外緣區塊內星宿旺過總部，代表喜歡往外跑，在外面活躍，喜歡參加社團活動。

・外緣區塊內星宿沒有總部旺，代表比較不喜歡往外跑，相形之下比較顧家。

因此，外緣區塊旺的人，適合從事外交、公關、貿易、業務、保險等行業，並且對各項社團活動有積極的參與熱忱。例如皇帝星和宰相星加顯耀星入外緣區塊，當事人喜歡積極參與社會上各項公益、活動與社團，如獅子會、扶輪社等等。而外緣區塊陷弱者，例如總部在X位的貴妃星，因其對面區塊爲IV位落陷的皇后星，所以心態完全不同，較爲封閉，並且懶於參與外面的活動，若是大限走到同論。

外緣區塊必須與朋友區塊搭配參看，因爲外緣區塊旺，只代表當事者在外的活動力，而在外得利與否，則要參考朋友區塊。如果外緣區塊旺，朋友區塊弱，表示在外活動忙碌異常，但往往吃力不討好，忙而無功，多是相識滿天下，知音無一人；若是外緣區塊不怎麼樣，但朋友區塊旺，代表所交朋友雖不多，卻都是知己。

外緣區塊有資源星、掌握星者，喜歡往外跑，而且流年外緣區塊又有資源星的話，更有不少人主動邀約。外緣區塊有阻礙星的人，則喜歡待在家裡，外出多是非、挫折，所以個性比較自我、封閉，在外的活動自然相對較少。

分部若落在外緣區塊，個性較外向，也喜歡往外跑。但若是外緣區塊好，則外出逢貴，順心遂意；若是分部在外緣區塊但其中有後衛兵星坐守，代表當事人雖喜歡往外跑，但沒幾個地方可去，或是固定去幾個地方而已，跑不了多遠。

5 人際關係的好壞

人緣的好壞並不以美醜爲衡量標準，看看螢幕前的明星或網紅，並不見得個個都是帥哥美女，可能是以個人的才華、幽默、甚至特殊風格來贏得觀眾歡迎。當然在實際生活中，一個人外型長得好，會予人一種乍見之下的驚艷和賞心悅目之感，但更重要的是此人的氣質，可能是高雅、沉穩、爽朗，或是相處起來有讓人如沐春風的親切感。而我們也可以看到身邊有不少外貌或身材極好的人，但人際關係不佳，甚至到處惹人嫌。

因此人緣好不好，並不會受先天形貌、貧富、或身分等條件影響，人緣要好的必備條件，往往是親和力佳、應對能力強，這就是外緣區塊好。

我們可以從外緣區塊中得知當事人在外的人緣如何，也就是其人際關係的好壞狀況，這可以從兩方面來看：

1 需與其在外的活動力相互參看。

• 外緣區塊中的星宿旺，或星宿的組合不錯，或是區塊內有資源星、掌握星，則此人必然喜歡往外跑，並熱衷於參與外面的活動。社交能力強，並且其人際關係廣泛，因此人緣佳自然不在話下。

• 外緣區塊內若星宿落陷，或有不良星宿組合，或區塊內有阻礙星、煞星坐守，其本身個性就較封閉，不喜別人打擾，可以享受獨處時光，因此對活動的參加意願不高，與人相處往來自然不多，交際圈有限，所以相對人緣較差。

2 需與朋友區塊一同參看。

• 外緣區塊好，朋友區塊差，代表人緣好、交際廣、朋友多，但多是泛泛之交，酒肉朋友居多，無什助力。

・外緣區塊差，朋友區塊好，代表人緣不怎麼樣、交際圈子較小、朋友少，但多爲知己，且對自己是有助益的良友。

・外緣區塊差，朋友區塊也差，代表不但人緣不佳、交際不廣、朋友不多，而且對自己也沒有助益，宜自保爲宜。

人緣的好壞也會受到運限的轉移而改變，若是基本星盤的外緣區塊不佳，而大限外緣區塊卻很旺，代表人際關係勢必在此大限中打開；反之，若是基本外緣區塊旺，但大限外緣區塊不好，則這個大限當事人比較不願出門，交際圈有縮小的情況；若是基本和大限的外緣區塊都很旺，則整日難得在家，甚至國內國外到處跑。假設基本和大限的外緣區塊都不佳，多是大門不出、二門不邁，因此當下須以大限爲主來判斷。

外緣區塊有科舉星、貴人星坐守，代表外出逢貴人相助；有資源星或庫銀星坐守，代表人緣好、社交能力強，或適合從事進出口與國外有往來的行業，但必須再配合行政區塊的情況來看；大限走到同論。假若外緣區塊落陷，且有煞星、阻礙星坐守，不宜做外銷方面的製造業，恐因製造或品管不良，遭到退貨或蒙受損失。

6 代表遠行、異動的位置

外緣區塊亦有搬遷、異動的意味，但屬於哪方面的異動，需再參考其他區塊，例如：

1 **配合房產區塊來看，判斷有無搬家的徵兆。**

大限的晚輩區塊或房產區塊有阻礙星坐守，代表此大限的住所遷動機率較高。一下房東要收回房子，一下房子出現問題等等，種種原因使當事人想搬家或自己置產。但只是想搬，而能不能搬得成？以及何時搬？就必須看外緣區塊了。也就是當運限具備所有異動之兆時，當年就會搬成；若此時外緣區塊有阻礙星或後衛兵星坐守，則無法順利搬成，可能只是變動了一下家具的擺設位置而已。

2 配合行政區塊來看，推斷工作上異動情形。

如果大限的婚姻區塊或行政區塊，有煞星、阻礙星落入，則當事人於該限中的工作較不穩定。若再加上小限或流年走外緣區塊，而行政區塊又不好，或走行政區塊而引動外緣區塊時，則有另謀高就的徵兆。若沒有引動外緣區塊，則只是工作上有挫折困擾，有想換工作的念頭而已。如果行政區塊不錯，而流年走外緣區塊，又引動行政區塊，則代表因公出差或因公務出國考察等等。

3 若是行運中外緣區塊有資源星、掌握星，則有遠行可能。如果只是單純的引動外緣區塊，而不具備前兩項的情況，則代表出國旅遊或外出度假。外緣區塊有庫銀星和資源星的話，遠行的機會超出別人許多。大限外緣區塊有資源星、掌握星的人，在這個大限中，外出遠行的機會必然增加許多。

外緣區塊中星宿的好壞，亦可作爲大運中遷居或移民的參考，也就是對外界環境的適應力。因此外緣區塊好的人，適合遷居移民；若再加上其朋友區塊也不錯的話，則頗有發展。反之，若是外緣區塊不佳，當事人連外出都不願意，何況是移民？就算其運限走到而眞的移居外地，也可能因水土不服而難以久居。外緣區塊有庫銀星或資源星的話，不宜久居出生地，宜往遠方謀發展較爲有利。

7 外緣區塊的主星特性分析

使節星：外出多奇遇，或常有不可思議的或意料之外的事情發生。宜往都市發展；會副學士星和阻礙星時，出門易受騙。

皇帝星：在外相當活躍，喜歡參加社團，活動力強；在外可逢年長貴人相助。

軍師星：不宜久居出生地，宜往遠處發展，流動性強，有不安於現況的特性；慎防跌傷、車禍等等。

王爺星：旺地時外地逢貴人相助，陷地時則不宜到外地發展，不利求財，只利於求功名。

司庫星：司庫星本來就是很強的動星，入外緣區塊則變動性更大，但勞心勞力難免，可在異鄉得財。若是加上煞星、阻礙星，小心因財惹是非。

貴妃星：坐享的星宿，與天機相反，有安於現狀的特性，遷移頻率很低。但若是落在Ⅲ、Ⅸ、Ⅵ、Ⅻ位時，卻是浪跡天涯的格局。

宰相星：同樣具有積極參與社團的特性，目的是結交比自己能力強的人；同樣也代表外出可得貴人相助。

皇后星：旺地時，耐力足、具有不服輸的特性，能廣結人緣，他鄉白手起家。陷地時，依賴性較重，又稱享樂桃花，宜較穩定的工作環境。

近侍星：喜歡新鮮刺激，喜歡應酬，小心酒色傷身；在外自我表現力強，懂得推銷自己。

密探星：是非星入外緣區塊，容易得罪人，較少遠行機會，但逢庫銀星或正、副學士星可化解；同時也代表口才好、善辯。密探星落外緣區塊且在Ⅰ、Ⅶ位時，與宰相星同論。

總管星：外出受歡迎，喜歡出風頭、管閒事，是最佳里長人才。外出有特別機遇，適合外地財。

監察史：較不喜歡改變環境，但一出國就有可能定居，在外與年長者特別投緣。逢掌握星、資源星者，喜雲遊異鄉。

將軍星：在家待不住，喜歡四處晃晃，在外活動力強。事業可在奔波勞碌中發展，但常常覺得錢不夠用。

前鋒星：對環境的適應力較低，常須承受奔波變動之苦。可運用專業技能起家，但不宜經商。前鋒星落外緣區塊且在Ⅰ、Ⅶ位時，以皇帝星論之，若逢庫銀星反吉。

此外，運限逢軍師星或將軍星、前鋒星、近侍星時，都會有特殊的變動，須留意。

- 外緣區塊的主星比總部強，離開出生地往外發展較好。
- 外緣區塊有煞星坐守，運限相逢或太歲走到外緣區塊時，必生是非或驚險的意外。
- 外緣區塊有科舉星、貴人星、左護法、右護法星時，在外可逢貴人提攜，而貴人可看星盤中最好的區塊所屬的生肖，助益最大。
- 外緣區塊有澇神星、糾纏星時，開車記不住路標或常搞錯方向，需要導航協助；在外需防被人拖累或嫁禍上身，尤其是太歲走外緣區塊，而小限運勢又弱時，更需特別注意。
- 外緣區塊有阻礙星，代表在外常常碰壁，社交圈打不開，從商困難。

朋友區塊

人是群體的動物，每個人一生中或多或少都會交到一些益友或損友，但因命格不同，每個人的交往情況不同，並且受影響的程度也有差異，不過基本上，皆需要考慮總部星座的旺弱及性質。例如，當事人朋友區塊陷弱且加煞，或手足區塊有阻礙星來影響朋友區塊，代表當事人所交往的盡是一些牛鬼蛇神，並且對朋友付出多，容易受到損友的牽連，也就是容易近墨者黑。每個人的人格特質不同，但其磁場必然物以類聚。

但如果當事人總部落於旺地，且有宰相星或王爺星、皇后星坐守，那麼當事人受朋友的影響程度不大，第一是因爲總部星宿比朋友區塊強勢，其次是因爲主星的性格使然，因而不易受到朋友的左右。

以宰相星而言，落總部者，其個性想法本就主觀，不是旁人能夠輕易左右的，因此影響有限；而就王爺星和皇后星而言，這兩顆星都重視家庭，王爺星亦重事業，心性磊落，皇后星則保守內向，這兩者交友態度都偏向君子之交淡如水，因此受朋友的影響程度也不大。

反之，若對司庫星或近侍星落入總部的人而言，其朋友區塊遇此組合的話，可就難保不受影響了。以司庫星而言，本性就重義氣，與朋友有通財之義，可以為朋友兩肋插刀，因而當其朋友區塊這麼差的時候，受害更大；以近侍星而言，本就是桃花星，喜酒食、娛樂、熱鬧，若是朋友宮不好，且總部星宿又落陷的時候，生活更顯浮華，加上所交往的都是同好，於是更容易因酒色誤事，甚至被損友拖累惹禍上身。

人在啓蒙之後即開始了社交生活，除了家人之外，接觸最多的就是朋友。而在每個人的第一、第二大限時，朋友區塊除了代表朋友之外，也包括同學，到了成長出社會之後，同事也列入這個區塊的範圍之內。一個人在其求學或成長過程中，所結交的朋友素質會對當事人日後的人格發展造成莫大影響，得益友則互勉互助、教學相長，人生路上能相互支持；若得損友，則有樣學樣，不思進取同流合污，甚至步入歧途，毀了大好時光。

在過去，朋友區塊除了代表朋友之外，還包含一個有身分、地位的人所擁有的奴僕而言，因爲古時可自一個人的朋友區塊，得知此人的富貴尊卑，因爲凡是高官富賈之門，必然有許多可以使喚的長工與奴僕，不需親自動手料理雜務，自然有人爲其服務賣命。

時代變了，社會轉型，現今除了少數未開發國家之外，已無奴僕這個社會階級了，因此東方星理學也必須配合時代的趨勢予以合理的轉變與詮釋。於是朋友區塊在現今來說是指朋友、部屬、員工等層面而言，這種關係是建立在與自己是平輩的、有交情的，如朋友；或有僱傭關係的，如自己的員工；以及有階級性的部下，如長官與士兵等等。其名稱雖與過去不同，但基本關係雷同。

以今日的社會和家庭結構而言，「在家靠父母，出外靠朋友」比過去更顯重要了，因爲現在手足少，在社會上需要助力的話，單打獨鬥不如有朋友一同努力來得更有把握，若能結交一些好的朋友，在人生路上、在事業上、財運上，都能有正面的助力和激勵，反之亦然。根據經驗，一個人從第二大限開始，朋友區塊就開始發揮無形的影響力，朋友區塊的吉凶，往往影響大限行運的順逆，以及事業的發展。

朋友區塊的含義涵蓋五個重點：

- ❖ 與同學、朋友、同事、部屬的互動狀態。
- ❖ 與外緣區塊、行政區塊一同參看。

❖ 事業成敗的重要指標。
❖ 合夥人的好壞與質量。
❖ 朋友區塊的主星特性分析。

1 與同學、朋友、同事、部屬的互動狀態

從星盤中的朋友區塊，可看出當事人與同學、朋友、同事、部屬間的相處互動關係如何。除了觀察區塊內星宿所代表的特性之外，還需要視其旺弱情形。例如，朋友區塊內有左、右護法星、科舉星、貴人星、資源星、掌握星等輔助星時，必然可得到朋友助力；若是區塊內夾雜煞星，則必須慎選朋友；區塊內若爲煞星坐守，更需要慎防朋友拖累。

朋友區塊也不宜過旺，如果區塊內星宿比總部還強，而總部主星

旺而無破，代表朋友強勢，但也能憑藉朋友助益而發；但若是總部陷弱或逢破，代表友人皆貴，對自己卻無太大幫助，反而要爲貴人跑腿。

與朋友的互動狀態

自朋友區塊中的星宿，可以看出當事人所交往朋友的層次。這須以大限的朋友區塊爲主，因爲朋友區塊亦會隨著大限的運行而改變，因此就大限朋友區塊，可看出其目前的交友狀況，以及個人的生活情況與人際關係的層次。

例如，朋友區塊中若有司庫星、將軍星，或是使節星、將軍星，或是密探星、旱神星等等組合，代表交往對象不乏黑道上的朋友；若是大限逢之，代表會於此限遇到或認識黑道上的朋友。至於會不會受到對方影響？則須參考大限總部星宿的旺弱。旺則有定力不受影響，陷弱則易被對方影響而同流合污。

若在大限朋友區塊中遇皇帝星、宰相星，則所交往的朋友層次隨之提高，多爲老闆、領導者等。原因與當事人目前所在行業有關，但與是否能因此而得財無關。社交與賺錢是兩回事，只是與其行業的接觸層面相關而已。

如果朋友區塊落入監察史星、或是王爺星加監察史、軍師星加監察史，那麼多半能擁有大自己許多歲的忘年之交；若是落入近侍星，則多爲三教九流等酒肉朋友。如果流年的朋友區塊差，如逢煞星、阻礙星等等，代表犯小人。因什麼事？或什麼區塊會受影響？則須參考其他區塊的情形，方能有效加以防範。

與部屬的互動狀態

朋友區塊除了看與朋友的交往情形之外，如果你是一位老闆、企業主，這個區塊亦可看出你與部屬或員工之間的互動狀況。如果朋友區塊好且加上吉星，像是屬下拱主一般，當事人除了能得到四方好友相助，部屬、員工們也能配合並樂意爲其效勞，可得到負責盡職且得力的部屬，使當事人可以較輕鬆的邁向事業成功之途。

如果朋友區塊不好，落入煞星、阻礙星，除了與朋友之間多是非爭執之外，亦難得到朋友助上一臂之力，而且難找到得力的部屬員工，甚至與員工間容易產生對立、爭執，或是員工怠工、流動率大，使得事業不順，只好自己親力親爲、勞心勞力。如果流年遇朋友區塊不好，身爲老闆的當事人，需特別提防部屬背叛或吃裡扒外。

與同事的互動狀態

若以上班族或公務員的立場來說，朋友區塊除了看朋友之外，亦可視爲同事的區塊，因此，此區塊的好壞亦代表與同事合不合得來。

若有煞星、阻礙星坐落，代表與同事容易發生吵架爭執；此時若是行政區塊也不好的話，除了與同事不合，也代表會與上司吵架，此點若大限具備，以流年發生時較爲明顯。

因此，朋友區塊代表朋友、同事、部屬等角色，如果自己是老闆，則此三個層面都要衡量；若自己是一位家庭主婦，那麼朋友區塊就只代表朋友或閨蜜而已。在衡量朋友區塊所代表的角色之前，需先考慮當事人自己的角色爲何？因爲社交圈子越廣，其朋友區塊就越複雜而難以掌握。

2 與外緣區塊、行政區塊一同參看

朋友區塊若與外緣區塊一同參看，可判斷當事人對外的活動力與人際關係。外緣區塊看人緣好壞，而朋友區塊則是看與人交往的狀態，人際關係的好壞可以自其中一目瞭然。朋友區塊不好，代表基本與人相處之道欠佳，見識不廣，其交往層次難以提升。

朋友區塊和外緣區塊的關係與影響：

•外緣區塊好、朋友區塊好，表示在外朋友多，四海之內皆兄弟，人緣好，到處受歡迎。因此不但反映出在外活動力強、關係打得好，且能在事業發展上得朋友助力一帆風順。

•外緣區塊好、朋友區塊差，表示在外面朋友多，人緣好，但所交的盡是一些吃喝玩樂的豬朋狗友，對自己多半沒什麼助力，有時甚至反受其害，能共享樂而不能共患難。

•外緣區塊差、朋友區塊好，表示在外面人緣並不怎麼樣，因此朋友不多，但所交之人多爲知己，而且是對自己有助力的益友。

•外緣區塊差、朋友區塊差，代表在外人緣不佳，朋友不多，而且不善擇友而交，所交多爲損友。宜謹愼自守，以免受牽連拖累。

朋友區塊若與行政區位一同參看，可看出一個人從事行業的順逆。若想創業當老闆的話，必得將此二區塊列入參考範圍。因爲行政區塊在此代表老闆，代表事業發展的助力。

朋友區塊和行政區塊的關係與影響：

- 朋友區塊好，可得員工、部屬之助力，彼此可以和睦相處，部屬能盡職而達成目標，使事業發展順利迅速。
- 朋友區塊差，代表與員工部屬多是非爭執，價值觀不同，難以溝通，部屬無法盡職，容易跳槽或怠工，得不到員工部屬的幫助，反受牽制，導致事業不順或失敗。因此，朋友區塊較差者，縱然行政區塊很旺，但其創業過程多要經過幾番波折。

例如，當事人的事業客源充足，訂單不少，但員工助手卻不得力，怠工，甚至延誤交貨日期而遭到賠款。由此可見，在事業上，朋友區塊的重要性不亞於行政區塊。

以上班族而言：

・行政區塊好，朋友區塊好，上下一心，與上司及同事間相處融洽。

・行政區塊好，朋友區塊差，與上司相處良好，但與同事間卻多有是非爭執。

・行政區塊差，朋友區塊好，與上司不合，但與同事間相處不錯。

・行政區塊差，朋友區塊差，上下失利，四面楚歌，工作上挫折不少，要準備換工作了。

3 事業成敗的重要指標

朋友區塊和行政區塊一同參看，既可表示一個人從事行業的順利與否，自然也可以成爲當事人事業上成敗的重要指標。事業要成功，老闆必須擁有一些能幹得力的助手，以及和諧、勤奮的員工，否則就算盡逢天時地利，但員工部屬無法配合、不聽指揮、竊取機密，不得人和，也難達成功之途。

因此，行運中逢行政和朋友區塊都好，且眾吉星照會，那麼事業規模必然有擴展之勢。但賺不賺錢，可再斟酌財政區塊的狀況。這一點相當重要，畢竟除了公益慈善之外，事業發展最重要的就是獲不獲利？賺不賺錢？而非規模是大是小。規模大不一定獲利，小本生意也可能大有賺頭。所以若是朋友區塊不佳，其事業規模不宜做大，反生挫折；若是財政區塊不錯的話，規模不大照樣可以賺錢。

至於是自己當老闆？或是拿錢投資事業比較好？需要參看的是朋友和行政區塊的好壞。若是自己投資別人，除了看朋友區塊，尚須考慮投資是否有展望？如果是別人拿錢來投資自己，須看自己當時的朋友區塊狀況，不可旺過於總部，否則表示朋友旺過自己，事事加以干涉而造成喧賓奪主的現象。

4 合夥人的好壞與質量

朋友區塊亦代表當事人在事業上的合夥人位置。該區塊內星宿的吉凶、旺弱，即可探知當事人是否適合做合夥生意？以及合夥人或股東的好壞？在合夥經營期間是當事人聽對方的？還是對方聽當事人的？或者對方對當事人會不會造成傷害？這種種問題，皆可自該區塊尋得解答。如果行政區塊和朋友區塊都不錯，則適合做合夥生意，可以同心協力，相輔相成；若只有行政區塊佳，朋友區塊卻不理想，則不宜投資做合夥生意，尤其事業規模不宜太大，寧可採取獨資保守的做法較爲安全。若與人合夥，易遭暗算、被坑騙、多糾紛是非等等，不得不愼。

如果行政區塊不好，代表自己的經營手氣不好，但朋友區塊不錯，則可採用信託方式，或交給自己信得過的人去經營事業；但人選必須愼加挑選，因爲資金雖是來自當事人，但自己親力親爲與交由他人經營，其所得成果還有大有區別。

若是行政和朋友區塊都不好，除了不宜與人合夥經營之外，甚至自己獨立經營都有困難，爲求安穩，做個上班族較爲明智。一個人運程的轉動和改變，其事業和合夥狀態也會隨之變動，因此可參考區塊內星宿的互動狀況，對事業做一評估，何時該衝刺？何時該守成？以及合夥關係何時會出問題？都可以自該區塊預先看出一些端倪，進而做有效的因應預防，才不致將自己辛苦打下的江山毀於一旦。

朋友區塊內星宿旺弱與總部做一比較，可知在合夥經營的事業中誰聽誰的？其星宿以平穩爲佳，不宜過旺或落陷，尤其不宜加煞星。例如，朋友區塊內星宿旺過總部，在合夥經營期間，易受合夥人的意見左右，事事得聽其指揮，當事人形同魁儡，空掛其名；若再加煞星，則合夥人羽翼豐厚、時機成熟時，可能進一步蠶食鯨吞，或漸漸排擠當事人，最終取而代之。

若朋友區塊內的星宿弱於總部星宿，但平穩無煞且不至於落陷，則與人合夥經營事業，可以當家作主，合夥人反倒要聽當事人的意見。在合夥經營中，業務和行政上得到的干涉越少，對當事人而言是最有利的，而且最好合夥人只出資、不問事，因爲意見越多是非越多，阻礙和困難也越多，主事者處處掣肘，公司前進如多頭馬車，難以成功。

但如果當事人的朋友區塊太過弱陷，對當事人而言也不是一件好事，這種情形表示合夥人能力不夠，必須完全依賴當事人，使得一人孤軍奮戰而無後援，反而增添了不少勞碌；若是再加煞星，則合夥人不但成事不足，且敗事有餘，反而不如自己小本經營。

5 朋友區塊的主星特性分析

總管星：交往的朋友多是同齡人，相處百無禁忌，互動良好且朋友多有助力。總管星是一顆盡責與服務的星座，落入朋友區塊，必然講信用，屬下也多忠心，合夥的話也可得忠誠的事業夥伴。遇到阻礙星，最好不要與朋友有金錢往來，或是作保，以免吃虧，或代朋友受罪；加煞星，所託非人，反而受害。

皇帝星：皇帝星入朋友區塊，先別高興得太快，皇帝星主貴，代表友人皆貴，你最便宜。如果你是老闆的話，部屬叫不動，自己卻事必躬親。與人合夥也是同樣狀況，自己勞心勞力，但合夥人或股東坐享其成。若再加煞星，則更容易被壓制，角色替換不知誰才是老闆。

軍師星：朋友多是學有專精或有卓越才能。軍師星落於朋友區塊，不宜長久交往，也不宜太信任，君子交往淡如水即可。部屬流動率高，若同區塊內有吉星或是有吉星拱照，才能獲得力幹部；合夥的話，易合易分，不長久。另外也代表生活圈變化較快。

王爺星：與朋友往來積極，喜歡結交活動力強的朋友。王爺星是一個博愛的星座，旺地只能施予人，求人則不可得；陷地更是容易眞心換絕情，付出再多還是常招來埋怨。朋友區塊落入陷地的王爺星，不宜從事政治，部屬不得力，易遭背叛。

司庫星：財星入朋友區塊，代表與朋友有通財之義，且人際關係良好，朋友多，層次複雜，可能三教九流都有，只是流動性高，難以深交。如果同區塊加上煞星或阻礙星，須防被朋友出賣還不自知；若加桃花星，多爲酒肉朋友，大難臨頭各自飛，無一人伸手。

貴妃星：人際關係良好，且多結交正派且有實力的朋友，彼此用心交往，相處融洽，可互助互利。惟不宜加煞星，以免所交非人。而對待部屬最好的方式，就是溫情攻勢，動之以情可使員工更有向心力。

使節星：使節星也是公關之星，交遊廣闊，人緣好，但卻難得知心、得力的朋友相助。使節星也是桃花星，在此區塊代表可獲得異性助力，或是異性知己；但若是同性，則小心小人巴結。若遇使節星加將軍星，或使節星加前鋒星的組合，更需注意結交黑道朋友。

宰相星：交友互動的層次較高，自己的擇友標準也較高。如果總部格局無破的話，代表能得到朋友的實質幫助，自己也會受到尊重和擁護，且可得忠心又得力的部屬。只是宰相星入朋友區塊的人，交往時間需要拉長，彼此才能交心，否則初識時只會覺得當事人姿態頗高，並不容易親近。

皇后星：以「君子之交淡如水」來形容皇后星入朋友區塊相當貼切，此星入此區塊的人，可以長久深交，老朋友和知心朋友不少，雖然不一定時時聯繫，但無妨感情。皇后星旺，代表屬下拱主；陷地時，愛心和付出有去無回；若是加上煞星或阻礙星，須防損友拖累。

近侍星：朋友多但無益，各路好漢皆有，但多酒肉之交，難得知心益友；惟老運逢之，才有幫助。近侍星是桃花星，入朋友區塊，老闆容易與部屬談戀愛；若遇資源星，恐有屬下公物私用或侵占公款；若遇煞星、阻礙星，則受朋友或屬下牽連，破財又傷心。不宜與人合夥，恐血本無歸。

密探星：密探星爲是非之星，也是暗逆之星，落入哪個區塊都不好。若落於朋友區塊，可盡量將生活圈和人際關係單純化，以免口舌是非多。密探星在朋友區塊，總部一定是前鋒星，前鋒星善於運用各種人際關係，但用人者反被人用，把利益看得太重，也怪不得朋友和屬下無義。

監察史：監察史星本就主孤高，落入朋友區塊代表朋友不多，人際關係單純，交友觀是重質不重量。加上監察史星又是老人星，多交往年長朋友或長官，必有益處。若與王爺星對坐照會，代表喜歡熱鬧的場面，喜歡排場而已。

將軍星：將軍星入朋友區塊，難以言吉。所謂近墨者黑，交友越多，煩惱和是非越多，黑白兩道都有，多是見利忘義之輩。若身爲經營者，須防屬下強勢不聽指揮，亦不宜與朋友合夥任何事業；若再加煞星，少管閒事，以免惹來破財或危及生命的危險。

前鋒星：前鋒星爲破耗星，入朋友區塊，大部分恐因友人而破財，或是因屬下的不忠、吃裡扒外而破敗，因此也不宜與朋友合作經營事業。只有落入Ⅰ、Ⅶ位的前鋒星較好，但逢煞星仍會加重傷害程度。

行政區塊

行政區塊關乎事業成就、職場發展，很多人因爲對自己的專長、興趣缺乏充分認識，因此選錯行業，誤入不適合的業別，當發覺時已經距離起點很遠，此時是該換跑道呢？還是就這樣堅持下去呢？寶貴的時間是否就這樣虛耗了呢？這是許多人的心聲與困擾。

時代進步，今日社會分工之細，已遠遠超過三百六十行。在過去的舊社會體系中，行業性質以士農工商即可涵蓋大部分，時至今日，各行各業形形色色，甚至有許多聞所未聞、過去想都無法想像的衍生行業。

除了士農工商之外，資訊業、電子業、保險業、環保回收業等，都是舊時沒有的行業；在食衣住行娛樂方面，也有不少新興的衛星行業，類別更多、分工更細，更有許多別出心裁的，像是代購、代排隊、跑腿、快遞、租賃男女朋友、甚至代孕都有，只要是有需求就有供給。在網路時代，只要有利基，什麼都不奇怪，網路商家、直播主、部落客，只有有網路就能夠做生意，獲利比實際店舖都要來得豐厚許多，這已非過去可以簡單歸類行業別的時代。因此，在時代的演進和複雜的改變下，東方星理學如何將這些五花八門的行業予以歸類？以下區分不妨可以參考。

行政區塊的含義涵蓋六個重點：

- 行業的選擇指標。
- 判斷股東結構的區塊。
- 與上司的互動狀況。
- 事業的順逆及異動。

❖ 影響婚姻關係。
❖ 行政區塊的主星特性分析。

1 行業的選擇指標

行政區塊代表事業，但不見得是當事者喜歡或是應該從事的行業，而是顯示事業或從業的順逆與發展情形。至於一個人會從事什麼行業或適合做什麼行業，則要由其總部來作為優先判斷的依據。除非總部星宿組合不佳，或有阻礙星落入，才要就其分部、財政區塊、行政區塊加以參看並做選擇。

例如，司庫星入總部者，本身聰明、直爽、耐力強、能吃苦，而且司庫星是一顆財星，沒錢賺的事情他是不做的，因而他會選擇與司庫星有關的行業，例如金融、財經、五金業或是加工技術性的行業，而不是與行政區塊皇帝星有關的行業；除非其總部的司庫星加了阻礙星、或是逢滂神星，才需要考慮其分部、財政區塊或行政區塊。假設此時分部爲財政區塊，且落入使節星，則可以選擇以使節星所代表的行業，如電子業、電器類、警界、司法、公關行銷等等爲優先考慮，而不宜再以總部星宿所代表的行業爲主，因爲司庫星加阻礙星入總部的人，若是再去從事與財經、金融有關的工作，必然虧損累累，得不償失。

基本的命格成格時，便不需考慮財政、行政區塊，而以其格局來論即可。如果當事人命格具備公家格，則有進入公家單位當公務員的可能，但並不表示非要如此不可，只是要從事公職必須具備公家格的條件，也就是總部的三方四正要加會科舉星、貴人星這兩顆星，否則即使已入公家機關也可能不具備正式資格，或是已獲得正式資格卻不及正式退休的年資，必因故辭職，中途更換跑道。具有公家格的人，命格必然屬於一生平順較無波瀾的格局，畢竟要能安於其位，須可安於現況，才能安穩的坐在一個崗位上堅持到底。

若是換了追求精彩刺激的將軍星、前鋒星、近侍星，就算命格具備公家格，但因性格容易不滿於現況，喜歡突破、不怕挑戰，更不喜歡遵循規則一步一腳印，因此一生起伏較大，也較不易一生就安處在一個位置上。除非這個職位有挑戰性、活動力強，否則朝九晚五日復一日，實在強人所難。

行政區塊代表事業的順逆，因此需要注意區塊內所落星宿，以及行政區塊內三方四正拱照的情形。區塊內星宿落陷、或有煞星、阻礙星，則需注意其事業之營運狀況及工作的穩定性，並且可配合其朋友區塊、財政區塊，判斷其事業在何時可以走高峰？何時走下坡？原因爲何？這麼一來，針對病因才能對症下藥，在無形之中可避免許多不必要的是非或虧損。

行政區塊中落入澇神星或僞裝星，並不代表當事人沒工作或是個無業遊民，只是代表這個區塊內主星所象徵的行業不宜去做，以及工作或事業的變動性較大，創業不順利罷了。貴妃星是福星，落入行政區塊時，除非其總部的組合成格，否則不以吉論。因爲貴妃星是坐享其成的星宿，並非開創事業的星座，所以落入行政區塊毫無衝刺力，反而無用，最多保持現狀而已。貴妃星入總部、入行政區塊、或是大限逢之，都以此論之。

一個人在一生當中，除了公教人員之外，未必只會從事一種行業，對於如何判斷當事人目前的業別，要以其大限爲主。大限若逢婚姻或行政區塊落入阻礙星，則這個大限內必然會改行；時間則會在走到小限、流年的婚姻或行政區塊時，或是婚姻或行政區塊逢動星或阻礙星時兌現。

此外，運走婚姻或行政區塊時，或是小限、太歲逢行政區塊有四化或煞星進入，則工作將會有變動，但並非改行，而是屬於升遷或調動職務。婚姻和行政區塊內的星宿數量越多，表示此人所從事的行業可能越多，而且越複雜。行政區塊內有資源星、掌握星的人，常有兼差、雙職並行，或是變動的可能，因爲吉星多，代表行業越多，變動也就難免了。

同一個星盤、總部落入同樣位置的人，未必都會從事相同的行業，還需判斷其命格的高低才能論定。例如，總部有將軍星或馬前卒星的人，命格高的可爲將軍之屬，命格較低者，可從事屠宰業。當然每個行業各有其該具備的條件，例如同樣是一個從醫的命格，但如果當事人總部的三方或分部落入左、右護法星時，因爲這兩顆星代表心軟、怕見血，因此從醫恐怕與外科或手術無緣；若要從事外科手術或與執刀見血有關的行業，必須有馬前卒相助，或是有刀械星的配合，否則也是心有餘而力不足。

2 判斷股東結構的區塊

獨資生意需本身具有雄厚的資金，否則規模有限，大生意做不到，且賺賠得一個人承擔。合夥生意又必須慎選合夥投資對象，其組成份子較爲複雜，可集眾人之力而聚龐大資本，且損益共同承擔，降低風險，因而各有利弊。

在過濾股東人選方面，可參考自己的朋友區塊，而行政區塊則可得知有多少股東。評估的方式，是以大限的婚姻和行政區塊內的主星數量來計算，但是命格不利合夥者，或是朋友區塊非常差的人，則不宜與人合資合夥。

至於如何判斷當事人在某大限中所經營的事業，是屬於獨資或合夥，可參照行政區塊及朋友區塊內的狀況，例如大限的行政區塊和朋友區塊都旺，且又落入左、右護法星、科舉星、貴人星等吉星的話，則表示其事業爲合夥性質的成分較大。

若是朋友區塊好，但行政區塊不好，代表投資別人，由其他股東管理；若行政區塊好，朋友區塊極差的話，代表小規模自行經營，宜獨資，若與人合股則大爲不利，必蒙受損失。大限行政區塊中，若有資源星、掌握星、顯耀星或庫銀星等，代表股東人數增加，同樣也表示事業擴展；只要無煞星，便可穩定成長。

3 與上司的互動狀況

如果當事人並非老闆或投資者，只是一個領固定薪水的上班族，行政區塊則不做股東論，而該看作上司和長官，可代表當事人與其上司之間的相處狀況及升遷的快慢依據。關聯性是互爲因果的，例如，行政區塊內有資源星、掌握星、顯耀星，表示當事人與上司之間的互動相處融洽，且願意爲其效力，於是在工作方面非常努力，工作量也增加，自能夠博得上司的信任而予以升遷獎勵。

因此，行政區塊位於旺地並加上吉星的話，較能得到上司的賞識且受到重用，故而升遷的速度自然要比別人更快；同理，若是行政區塊落於陷地且加了煞星，與上司互動不佳，能待在一個職位上沒有是非就很不錯了。流年逢阻礙星，對上班族而言，代表工作上有挫折，或是與上司之間相處不愉快，甚至有做不下去或工作有變動的跡象。

4 事業的順逆及異動

一個人的事業或工作順利與否，有沒有異動？發展如何？都可從行政區塊以及其左右相鄰的區塊，也就是朋友區塊和房產區塊中看出端倪來。如果行政區塊旺，且相鄰區塊又有吉星來夾，例如有皇帝星、宰相星、正、副學士星、科舉星、貴人星、左、右護法星、或是王爺星、皇后星等等，代表當事人在事業上順心遂意，工作夥伴、朋友員工都對當事人有相輔相成的助力，使其有事半功倍之效，此時就算行政區塊不怎麼樣，若有吉星相夾，那麼實際狀況就不會如想像中那麼差。

相反地，若是相鄰區塊沒有吉星相夾，反而都是煞星如馬前卒、後衛兵、火神星、旱神星來包夾，或是澇神星和糾纏星來夾制，那麼就算行政區塊再旺，也不以吉論。因爲事業上往往會出現突如其來的意外、橫禍或難關，往往使當事人措手不及，難以抵擋。

行運中若有四化入行政區塊，則工作上會有變動。像是行政區塊內落入資源星，代表行業或工作量有增加的情形；如果落入掌握星，表示當事人會從事兩種以上的行業或兼差；若是顯耀星落入，代表可以做出名聲，或爲了工作、事業積極打廣告，提高知名度；若是落入阻礙星，則有換工作或改行的可能。

至於改換跑道之後好或不好？則需研判來年的行政區塊的好壞，與今年的行政區塊相比即可知曉。

待遇的高低並不是選擇行業的唯一標準，每個人的狀況不同，並沒有絕對的標準答案。而創業是獨資好還是合夥好？該怎麼選擇合作的夥伴才能互動愉快且長久？這必須根據行政區塊的特性，以及其中坐守星曜的特質加以分析。若是行政區塊差，或是相鄰區塊不好，適合當個穩定的上班族，不一定非當老闆不可。

一般說來，總部落入將軍星、前鋒星、或近侍星的人，因爲其三方也必定是這幾顆星坐守，所以一生的事業和各方面的波動都會比其他命格的人要大，這是由於個性特質的關係，此三顆星個性具有衝勁，有野心，敢於冒險挑戰，因此常有出人意料之外的舉動和結果。即使並非這三顆星入總部的命格，只要大限走到此三顆星中任一顆，這個大限在事業及各方面的波幅震盪，也會較其他運限要大。

運行將軍星、前鋒星、或近侍星時，當事人在個性上會有明顯的轉變，精力充沛、擁有無比的鬥志，個個衝勁十足，於是常會因衝過頭來不及節制，遭致失敗而回到原點。極少有人在這個大限結束後穩定下莊，大多是衝鋒陷陣力圖跨越重重阻礙，但最後花了時間，也得到了經驗和教訓。其實這並非壞事，經驗教訓是日後成功的基礎，只是此運最不宜行於壯年時期，大起大落較爲可惜。若是身爲公教人員或上班族，屬穩定工作、固定收入，對其影響有限，起伏也相對較小。

5 影響婚姻關係

行政區塊位於婚姻區塊的對面，因此行政區塊內星宿的吉凶旺弱，勢必對婚姻區塊造成最直接的影響。如果行政區塊落入阻礙星、資源星、或是煞星坐守，會影響夫妻間的感情，甚至可能有第三者介入的可能。例如，外遇、或是親戚長輩、兄弟姊妹、或朋友、金錢等外來因素所形成的衝擊，詳細是何故造成，可觀察大限各區塊內的情況來加以比對，即可分辨原因。

例如，大限走桃花星，或桃花星落入婚姻區塊，此時其大限行政區塊落入資源星，若當事人已婚，則可能有發展婚外情的機會。

婚姻區塊和行政區塊要同時都好，實在不容易，總是難免偏向一邊，此時可以將兩區塊比一比，便可知當事人是較重婚姻？還是較重事業？若是行政區塊好，婚姻區塊不好，必然較重視事業，容易因事業而忽略家庭；而行政區塊又是婚姻區塊的外緣區塊，行政區塊逢資源星，代表另一半外出機會多，理所當然也比較容易衍生出其他狀況。反之，若是行政區塊差，婚姻區塊好，表示當事人較重家庭，另一半在家機會也較多，自然可減少許多無謂的紛爭。

行政區塊中的星宿特徵，亦可看出自己另外一半的長相和特質。例如，行政區塊中有皇帝星和將軍星坐守，代表另一半長得豔麗或是相貌堂堂；若行政區塊中落入正、副學士星，代表配偶長相斯文，頗有氣質；行政區塊中若有阻礙星，其姻緣受到影響，較晚婚，並且當事人的配偶常常會製造一些問題而使婚姻出現狀況。至於會出現哪些問題？必須參考行運中各個區塊的情形而定。不過行政區塊落入阻礙星的人，在心態上都比較疼愛另一半，因此在感情上的付出與犧牲也會比別人要來得多。

6 行政區塊的主星特性分析

王爺星：旺地時可選擇從事企業、政界、貿易、獨立事業；陷地則可從事駕駛、貿易加工、化學行業、勞動事業、美容業。落於Ⅻ位並加上桃花星，爲八大行業或夜間行業。

皇帝星：學者、教授、工程師、政界、公民營企業或能獨當一面的工作類型，可居領導職，或掛名負責人。

軍師星：藝術宗教、印刷、服飾、設計、出版、木器、裝潢；落陷則可從事技術性、代理行業、批發等等，不宜從事製造業。

司庫星：金融、財經、運輸、保險、實業、軍警、五金業；陷地可從事加工技術性行業；若自行創業宜以收現金爲主。

貴妃星：政教、財經、服務業、裝飾；陷地可從事勞動業或門市店面生意、超商或休閒行業。

使節星：企業、工業、警界、電子、電器、司法、理容業、公關、旅遊業、顧問等，最適合高科技產業。

宰相星：政界、房地產、礦業、銀樓、當鋪、農產品、畜牧業、餐飲業、證券。

皇后星：不動產業、彩妝保養類、廚具、水電、服飾、自由業、日夜顛倒的服務業、女性用品類。

近侍星：商業、運輸、娛樂業、餐飲、旅遊、裝潢、農產品加工、理容業、行銷業務。

密探星：有聲出版、印刷、律師、醫生、獨立性與口才相關的行業或教育類，以專業技能取勝。

總管星：政治、律師、外交、行銷業務、醫藥、高級餐旅、攝影、服飾業、進出口貿易或商品代理。

監察史：大型企業、中藥、出版、大眾傳播、公教、代書、法官、慈善事業、博弈事業、股票投資、農產品等等。

將軍星：農林、水產、加工業、軍警，直接與食衣住行相關之行業，或是宗教慈善事業。不宜文職，以技能白手起家。

前鋒星：批發、業務、行銷、化學製品、加工業、食品級流動性行業，或是環保再生行業。

火神星、**旱神星**：重工業、鐵鑄造業、演藝事業、音樂、技術性工作，或體力消耗較大的行業。

正、**副學士星**：作家、攝影、公教、圖書廣告、美術、演藝事業、聲光傳播、代書。

馬前卒、**後衛兵星**：外科醫生、律師、軍警、機械、一般商品加工、買賣業或市場生意。

阻礙星：加工業、自由業、醫生、記者、宗教界、哲學研究、或帶有是非性的非主流行業。

房產區塊

每個人自呱呱落地，睜開雙眼起，便開始充滿好奇地想認識這個世界，環顧四周，看看老天爺安排的的環境如何？居住的家庭如何？因此顧名思義，房產區塊便有家的味道。

有人生來就有一個溫暖的家，亦有人不幸生在破碎的家，更有人打出生就沒見過自己的家，只能四海爲家；最無奈的是愛家的人卻生在一個不像樣的家，想眼不見爲淨，偏偏一離開就想開始想家。忍耐打拚，一心只想改善家境，建立心中美滿的家；省吃儉用，不願像無殼蝸牛一般到處搬家，總算皇天不負苦心人，終於積沙成塔努力拚得一個理想中的家。

反觀許多不愛家的人，卻投生在一個令人羨慕的家，自幼養尊處優，卻時常蹺家；優渥的生活養成不懂得感恩的個性，成天揮金如土只會敗家。婚後成家，依舊每日流連在外不回家，老來渴望溫暖，卻不知何處是我家。

房產區塊包含許多項含義，除了環境、家之外，同時也代表產業以及藏財之所，也就是「庫位」。在過去，女命以房產區塊爲重，幼年時，這個區塊作爲出生時家庭狀況的貧富判斷依據；中年時，代表此人身心安寧與否？來財是否能聚積？在晚年時，是否能得到安享？以及子女孝順與否。

這個區塊亦可顯示出意外的情況，但屬於在家裡所發生的，因自己的疏忽所造成的意外，與外緣區塊代表在外發生的意外有別。

有關房產區塊的含義涵蓋六個重點：

- ❖ 住家環境及鄰居間的互動狀態。
- ❖ 財庫位（藏財之地）。
- ❖ 直接影響晚輩區塊。
- ❖ 宅運的吉凶與異動。
- ❖ 顯示祖產的多寡。
- ❖ 房產區塊的主星特性分析。

1 住家環境及鄰居間的互動狀態

房產區塊代表當事者幼年時的居住環境，以基本星盤的房產區塊代表家運或家聲，其相鄰的兩個區塊，也就是行政和欲望區塊代表其左鄰右舍，而房產區塊的對面爲晚輩區塊，則視爲住家的後方。房產區塊的三方，爲住家附近方圓兩百至五百公尺範圍內的景象，這是以一個大環境而言。

至於住家各方爲何種景象，則可參考其區塊內的星宿。但各星宿所代表的景物，需衡量當事人在當時是住在鄉間或都市，再進一步做判斷。同一星宿在鄉間及都市所代表的景、物略有不同，例如監察史星落入房產區塊，若當事人住在鄉間，代表住家附近有農作物；若住在都市，則表示住家附近有醫院。

大環境決定之後，再逐漸縮小住家的範圍。房產區塊內星宿的分布狀況及位置，同樣可以表示室內的格局，如坐向、大小、顏色、以及室內擺設的樣貌。房屋坐向以房產區塊的天干所化出的庫銀星或資源星所落入的位置爲最佳；若落入的區塊內有煞星、阻礙星、或是逢澇神星，則應挑選星盤中最好的區位所代表的方位爲坐向，再將當事人的星盤，依照各區塊所代表的方位與住宅的方位重疊，即可知道室內哪一個位置好、哪一個位置欠佳。

例如，當事人的住家爲坐北朝南的屋宅，則將其星盤I位（爲正北方）與其室內圖的北方重疊來看，則可清楚看出個廳房在星盤上是什麼區塊？有什麼星宿？不論屋宅大小，都可以依此比例方式訂出所屬區塊。之後，便可按區塊來規劃用途，把最好的方位留給當家主事者使用，最差的方位用作廁所，並依孩子們的正、副學士星的位置來做書房。

房產區塊中的星宿亦可顯示其住所的大小。一般來說，平均標準每人爲六至十坪左右，假設其房產區塊內有宰相星坐守，則表示其住宅寬廣，每人超過十坪以上。

在顏色方面，每顆主星的五行，都分別代表一種顏色，此點已於單星部分提及，請參考《東方星理學——單星篇中的「入門基本知識」》，當事者房產區塊內主星所主的顏色，亦可作爲室內配色的參考。

而區塊內所落星宿，亦可顯示其室內的擺設。例如，房產區塊內有副學士星，則屋內多有白色香花的盆栽，像是桂花、茉莉花等等；若有姻緣星，則家中有魚缸。

房產區塊的左右兩個區塊代表左鄰右舍，對於住家安寧相當重要，如果有滂神星、糾纏星或是煞星夾房產區塊，都代表鄰居不好相處，或顯示爲住所不穩定。至於三方的好壞則較次要，單以居住環境而言，以房產區塊好最重要，三方不好，是別人不好，與自宅的吉凶較無直接關聯。

一家數口人中，應以家中的主事者的房產區塊，來看其居住環境景觀才是最準確的。然而人的一生當中，不見得永遠居住在同一地點，因此若要知道某人目前的住所環境，需以其大限房產區塊來論之。假使當事人從來不曾移居過，而其大限房產的改變，則代表其住宅雖未遷移，但四周環境已有顯著的不同，而改變後的景觀必與其大限房產區塊相符。

綜合以上概念，可舉例說明如下：

小明爲天干 1 年生人（西元出生年尾數爲 4 的人，如一九七四、一九八四），總部在Ⅶ位落入前鋒星。欲知小明幼年時的住所環境，可看其固定房產區塊，位於Ⅹ位並有皇后星坐守，代表其居家環境較爲潮濕，屋子屬於長方形且光線較陰暗。相鄰的兩個區塊爲Ⅸ位的皇帝星和宰相星、僞裝星，以及Ⅺ位的近侍星，可判斷其住家處於邊間，因相鄰的一邊逢僞裝星，代表空地，而另一邊近侍星主多，亦代表相鄰的還有許多間。

再看房產區塊對面爲IV位的貴妃星加馬前卒星，表示這間屋宅的後面有溪流或水道，以及路沖或斷橋的格局。房產區塊的三方分別爲II位的監察史星加後衛兵星，以及VI位的王爺星，代表住宅的方圓五百公尺內有農作物，以及高起的建築物。若當事人幼年居住在城市，代表住家後方有加油站及鐵工廠；住宅方圓兩百公尺內有醫院、藥局、郵筒或高樓。

房產區塊內的主星特性可以反映出住家的某些特殊狀況，可作爲居住參考。像是房產區塊內落入前鋒星，代表房子有漏水或違建；落入密探星，則屋內易生白蟻，不宜選用木製家具；有落陷的王爺星或皇后星，代表室內光線不佳；有使節星坐守，則家中需要安神位、十字架或鎮宅八卦；落入資源星，家中常有朋友訪客光臨，落入阻礙星則相反；落入顯耀星，表示主人相當注重室內裝潢以及品味格調；落入皇帝星，表示住宅位置較高，屬於山坡上或都市中樓層較高；有宰相星坐守，表示住宅面積較大，大限也同論。

2 財庫位（藏財之地）

房產區塊為一個斂藏之處、聚財之所，因此一個人有財無財為次要，重要的是來財是否可以留得住，否則只是財來財去一場空而已。就像銀行的行員一樣，天天數鈔票，但只能看、可以摸，卻不可以納為己用，只能視為過路財神而已。

因此，一個人的財政區塊旺，遠不如房產區塊旺來得實際。世上有財的人分為兩種，一是名下產業很多，但手上持有的可運用資金或現金卻很少，此種人可稱為「富人」；另一種則是手上隨時有現金可調度使用，但名下卻無多少資產，甚至租屋而居，這種人叫做「有錢人」。前者屬於房產區塊旺於財政區塊旺，而後者則為財政區塊旺於房產區塊。

房產區塊是看庫位，必須和財政、欲望區塊相互參照，若是財政、欲望區塊都很旺，但房產區塊不佳，只能算是個過路財神，雖然經手之財不在少數，但總是留不住。至於是何種原因使然？必須再詳加判斷。例如朋友區塊很差，但個性又重朋友、講義氣，金錢流向自然不難判斷；若是晚輩區塊很差，但當事人又是極疼愛子女的命格，則所賺的錢幾乎都拿來孝敬子孫了；而若是財政區塊平平，但房產區塊很好，屬於來財辛苦，但中年終必能有所成。

基本星盤的房產區塊不佳，不代表永遠都存不到錢，重要的是在行運之中的狀況，因此若要判斷某大限中有沒有賺錢，並非看該大限的財政區塊，而是要看大限的房產區塊。大限財政區塊旺但房產區塊被沖破，代表在這個大限內賺了不少，但勢必在該大限結束時也花得差不多；若是大限的房產區塊旺且無破，縱使該大限的財政和欲望區塊不旺，但十年下來必然小有所成。

在行運中需注意當財政區塊不佳，有破財跡象時，需再仔細考量其房產區塊庫位的狀況。若是房產區塊不錯，那麼破財金額有限，只是流動現金，沒有大礙；若是房產區塊同時落陷或逢破，那麼該年所破的財可能就不是一筆小數目了。房產區塊會隨著行運而轉移，因此若運行到房產區塊弱陷逢破的時候，在事業上不宜過度衝刺或做超額投資；在其他與財務有關的事物，以及財務可能的流向，都必須謹慎爲上，以免造成無謂的損失。

過去婚嫁之時，有錢人家嫁女兒會用房契、珠寶、布匹作爲嫁妝，貧窮人家的母親也會給將出嫁的女兒一件褲子，取其音義，期許有聚財之庫的意思。在東方星理學中，如果當事人財政區塊好，但房產區塊不好，代表財旺但暗耗多，難有積蓄，也就是俗稱的「有財無庫」。這種庫位不佳或逢破者，可以藉由後天人爲的力量去改變，最好的方法是盡快在當事人的名下置一份房地產，不論新舊、面積、大小無妨。

或者亦可找自己信任的親人代為守成，當然最重要的還是得謹慎處理財務，不做風險太高的投資或無謂的開支。而「庫逢破」的，就像是近日流行的網路「剁手族」，特徵是喜歡的就買，無法量入為出的理財態度，其庫位就是垃圾堆了。至於其他天災人禍所造成的損失，也就非屬人力所能及，只有順其自然了。

3 直接影響晚輩區塊

房產區塊位於晚輩區塊的對面位置，因此房產區塊的吉凶必定直接對晚輩區塊造成影響，子女的有無或多少，均可以此區塊作為參考。例如，房產區塊內有阻礙星坐守，當事人又為女性的話，可能有幾種解釋：

•若當事人的房產區塊落入阻礙星且位於Ⅴ、Ⅺ位，則當事人的生育功能將受到影響，甚至有不孕的可能。加上落入阻礙星的是房產區塊，對晚輩區塊造成直接的衝擊，因此可能做「無」子論。

•若當事人生育功能正常，且晚輩區塊還不錯，則其子女可能爲單一性別，也就是全生男或全生女，此時房產區塊的阻礙星則做「缺」子論。

•若房產區塊落入阻礙星，晚輩區塊同樣陷落又加煞星，那麼除了代表「損」之外，可能代表子女常常出狀況，當事人須爲子女付出犧牲許多，而且不見得有回報，此時情況可作爲「欠」子論。

可見僅僅在房產區塊內落了一顆阻礙星，其矛頭便指向了晚輩區塊，使得子女的情況必構成其中一項缺憾。

房產區塊既可直接影響晚輩區塊，因而亦可自其中看出子女是否會對當事人孝順。若是晚輩區塊旺，但房產區塊卻是陷地加煞，此種情況多半是子女成龍成鳳，但都忙於自己的前途事業，不與父母同住或少有時間噓寒問暖，因此當事人應當多培養興趣或嗜好，學會規劃與享受自己的晚年生活。

反之，若是晚輩區塊平平，房產區塊旺的話，代表子女將來雖無顯達者，但都能在當事人身邊噓寒問暖，因此房產區塊旺的人，年老之時較能得到安享。此外，房產區塊亦是晚輩區塊的外緣位置，若是大限逢煞星、阻礙星落入房產區塊中，代表該大限之中子女可能會發生一些狀況，如果是太歲或流年再走到晚輩或房產區塊，且區塊內主星又有煞星坐守，則必須注意子女的意外狀況或在外的安全。

4 宅運的吉凶與異動

房產區塊也代表住所的吉凶，以及外出移動時的狀況。若是行運中的房產區塊有煞星坐守，代表家運不好，小限走到房產區塊，代表自己出狀況；太歲走到則代表家人會出問題。這種宅運不佳的狀況會顯示在哪一方面，必須參考其他區塊。例如，大限的房產區塊有煞星、阻礙星，而這個區塊又是基本星盤中的手足區塊，代表出問題的以兄弟的機率最大，而且以同住一個屋簷下的手足影響最大。無論如何，若是一個家庭或家族的家運不好，整個同住在一起的家人多少都會受到影響；家運的好壞也會直接影響本身的情緒，因此房產區塊的好壞，亦代表中年時的身心是否安寧。

行運時有煞星落入房產區塊，除了代表宅運不佳，也可能有異動的現象。例如：

・小限走外緣區塊，太歲的四化中的資源星、掌握星、或煞星落入房產區塊，代表搬家。

・小限沒有走外緣區塊，但房產區塊有煞星進入的話，代表異動但未必搬家。至於異動又分爲兩種，一種是房產區塊有煞星所造成的異動，屬於內在變動，像是室內裝修、汰換家具或改變家具擺設位置等，屬於外在環境不動，而自己調整環境的氣場。

另一種異動爲房產區塊的三方或對面的晚輩區塊有煞星對沖，屬於外在環境造成的不利影響，屬於自己住宅不動，但外在環境的變動。像是住家附近有動土、挖馬路、拆違建、蓋房子等等。

這些就是房產區塊有煞，會造成居住不安穩、想異動的現象。但搬遷不是小事，有時還要勞民傷財，也並不是說搬就能搬，遷移不成的話，亦可就室內環境做一番調整，來適應這個現象。

5 顯示祖產的多寡

房產區塊，顧名思義代表產業，亦可顯示祖產的旺弱。命中有沒有祖產是一回事，但與當事人能否承接祖產又是另外一回事。首先可以先判斷當事人的命格，如果是將軍星、前鋒星、近侍星、或是煞星落入總部的命格，大多是不依祖業，白手起家的命格，因此即使有祖業也未必能夠得到，即使得到也未必留得住，甚至會先耗盡之後再東山再起。

若是貴妃星、監察史星落入總部，必能承接祖業。因爲貴妃星爲坐享其成的福星，而監察史星爲一顆庇蔭星，必得祖蔭。其次要考量四化的問題，如果密探星加阻礙星落入房產區塊，星宿組合不良，或是晚輩區塊有阻礙星來影響房產區塊，這些都必須靠自己努力打拚，很難獲得祖產。

再來需要考慮副星和輔助星，這些星宿雖然不是主星，但落入房產區塊所造成的影響同樣非同小可。像是滂神星落入房產區塊，則與祖產無緣，不論其房產區塊多旺，置產仍須靠自己努力。

另外還需參考基因區塊與欲望區塊的情況。若是基因與欲望區塊比自己的總部星宿要旺、組合更好，則表示有祖產的庇助，因爲基因區塊好才能有資助的能力，且基因區塊是與總部相鄰的區塊之一，基因區塊有力，對自己較有扶持力。而欲望區塊好，代表福分重且來財輕鬆，因此也比較有福氣來承接祖業。

反之，基因區塊與欲望區塊比自己的星宿要弱、組合更差的話，一來父母狀況不見得比自己好，屬於自身難保，而且基因區塊不好，當事人與其緣分也較淺；二來欲望區塊不好，則來財辛苦，又如何能有福分承接祖業？不過只要當事人本身房產區塊不錯，行運也不差的話，並不會因爲沒有祖產而一事無成；相反地，能承接祖產的人，如果行運不佳胡亂揮霍，終究也得坐吃山空。

房產區塊內的星宿旺、或是組合好，是否就代表有祖產？這需要與行政區塊一同參看。因爲行政區塊是父母的房產區塊，如果行政、房產區塊都好，表示父母的基業上能保留至當事人這一代享用，此爲祖產。

若是行政區塊不佳，而房產區塊旺，表示父母本來沒有產業，但經過父母的打拚積累而來，所以當事人能得其庇助。

若是行政區塊旺而無破，但房產區塊卻陷弱不堪，表示祖產到當事人上一代已經耗盡了，祖產也不要想了。若是行政和房產區塊都不佳，除了當事人與祖產無緣之外，就是想分也無產可分。

同時，行政區塊不佳，也代表幼年時家境清苦，物質生活較貧乏；加上自己的房產區塊也不好，表示父母終其一生都未能改善經濟狀況，如此當然沒有祖產可言。除了行政區塊不好表示幼年環境不佳之外，若是房產區塊的三方四正又被煞星包圍，亦代表幼年生活辛苦，此種情況多半是外力所造成。

6 房產區塊的主星特性分析

皇后星：代表富足；住家近低窪之地，有水坑、水道、溪流、井泉。房屋屬長方型，光線較暗。

皇帝星：代表富裕，且近富裕之家，位處高樓或土坡、地勢微高之處較好。

軍師星：代表容易有愛計較之人。住家與樹木、森林、電線桿、木棚為鄰；軍師星以不見煞星為吉，以旺弱論吉凶；若加阻礙星，主樹木易枯死。

王爺星：代表富足隆盛；附近有高樓及突起物、高起的建築物，有郵筒更佳。旺地則住宅呈四方型，光線好；陷地則被夾於中間，光線不好。

司庫星：代表富足；附近有金融機構、派出所、軍營、廟宇、寺塔等等。

貴妃星：附近若是有加油站、水道、水溝、井泉、遊樂場所或低窪之地，皆以吉論。

使節星：代表容易有口舌之爭；住家附近有樹木、籬障、院落及堆積雜物、小廟、塔寺等等；星宿旺則吉，星宿若位於陷地又逢煞星則凶。

宰相星：代表富足；附近環境不錯，有高樓、公家機關、銀行等等，位處微高之地。

近侍星：代表富足，星宿落陷則多先貧後富。住家附近有娛樂場所、餐廳、派出所、橋樑、高大樹木、蘭花、果樹、公園、廟宇。

密探星：代表多搬弄是非的鄰居，門戶不寧，與鄰居易生口舌。附近有水溝、下水道、天橋、夾道、煙筒，以及火車經過的鐵橋、鐵路邊、人行陸橋、地下道等。

總管星：代表一生富裕。附近有水道流水、水坑；居家環境幽靜，附近或有小吃店、服飾店、超商。

監察史：代表富裕。附近有高樓、地勢稍高，或有墳墓及土坡、農作物、慈善機構、醫院、藥房、宗教團體等。

將軍星：若星宿旺，代表暴發富足，落陷則破敗。住家附近有高樓、廟宇、公共場所，或是殘舊的房屋或寺塔等。

使節星加將軍星：代表廟宇。

皇帝星加將軍星：代表政府機關。

司庫星加將軍星：派出所。

前鋒星：代表先破敗後有成。住家附近有違章建築、水道、河道、地窪之地、菜市場、夜市、屠宰場等。

正學士星：代表晚成。附近有古玩金石店、文具店、學校、新聞事業、派出所、水池；白色香花、桂花、玉蘭花、茉莉花、法院及地面微凸之處。

副學士星：代表晚成富足。附近有文具店、文廟、學校、報社。

左護法星：代表富足。附近有微高的房屋、山地，商業機構、堤防邊以及廢棄房屋等。

右護法星：代表基業富足。附近有水坑、水道、水溝、井泉。

科舉星：代表富麗。附近有樓碑、亭台、山崗及高樓大廈。

貴人星：代表積顯。附近有林園、清淨之地、花園住宅及微高之地；注重客廳裝潢。

火神星：代表破財。附近有廟宇、山尖、寺塔、煙囪、火爐、資源回收廠。

旱神星：代表破財。附近有小塔、窗口、溝口、廟宇。

糾纏星：代表破盪。附近有豬舍、爐坑、墳墓、公共廁所及堆積品。

澇神星：代表破盪。附近有壕溝、凹地、煤窯、土崗及微高之地。

馬前卒星：代表破財。刑剋人口；住家附近有斷橋、岔路、二分之一的房地、五金行、鐵工廠、路沖。

後衛兵星：代表破盪刑剋。附近有破敗的房屋、研磨店、斷橋。

資源星：代表附近有土坡、微高之地。

掌握星：代表有樹木、森林、屋舍、木器。

顯耀星：代表有水坑、水泉、水源、文具。

阻礙星：代表有溝眼、水道、暗溝、水坑、水池。

姻緣星：代表有水坑、水池、水道、魚缸、八大娛樂場所。

才藝星：附近有情色場所、暗溝、水坑、水道、公共廁所或土井。

鬼魅星：附近有墳墓、陰廟、神壇。

刀械星：有當鋪，或有刀、石、雕刻等物。家中小寵物易養不活。

宗教星：代表有亭台、牌坊、廟宇、墳墓、房舍及旋傘的形勢，儀仗門樓、樹木、土崗。家裡有安神明或十字架。

偽裝星：代表道路間斷，有河道公園、停車場、球場的較大的空地。

欲望區塊

浩瀚人海，芸芸眾生，賢智庸劣，巫醫百工，各有所長，各取所需。有許多人抱怨上天不公平，爲什麼有人一出生，老天爺就爲他準備了一切別人終生都得不到的待遇？出生名門、才智兼備、平步青雲、一帆風順。步入社會後又能受到賞識提拔而位尊權高，甚至不瞭解什麼叫做汲汲營營和努力爭取，只要坐上一天辦公桌，聯絡溝通，所得就已遠勝過勞動階層一整年的血汗。

是的，爲什麼有人可以輕輕鬆鬆地賺，財源滾滾而來？爲什麼有人想盡辦法找機會求表現、日以繼夜身兼多職，卻仍是入不敷出？百般無奈之下只有兩個解釋：一是人家走運，二是人家有福氣。

沒錯，「福氣」正是本篇的主題，欲望區塊的好壞也象徵著運氣好壞，除了固定的欲望區塊要好，大限也得配合得好才行。

你認爲一個人最重要的是有錢？有權？有名？還是有福氣？或許你認爲有福不就都包含這些了嗎？有了錢、權、名不就是有福了嗎？此三項必然是有福之人才能兼得。但其實不然，歷來有許多身擁億萬財產的人，身體卻被疾病所困，恨不得千金買一個健康的身體；還有家庭不和睦、父子反目兄弟鬩牆，一天到晚爲了家產而爭訟，親人相見與仇人一般，這樣能算有福嗎？

其次，無論做官、從商，居高位擁要職的掌權者，終日公務繁忙，日理萬機，同僚也好，同業也好，敵我都好，勾心鬥角爭權奪柄，稍有不愼便毀於一旦，勞心勞力難得清閒，這樣也談不上有福。

再者，重名聲的人，還要看他是威名遠播，還是臭名滿天下？同樣是出名，其中同樣大有區別。而且就算是受到群眾愛戴，也會受到盛名所累，一舉一動都在他人目光的檢視之下，沒有隱私，沒有自由，更是動輒得咎，這能算是一種福分嗎？所以不管有福氣也好，有福分也罷，並不見得一定是有錢、權、名利者才有的專利。

至於如何才算有福，得看是以什麼角度來看。若以當事人的主觀立場來看，那麼必須先考慮當事人的命格！因爲命格不同，其思想導向以及對各項事物的價值觀認定皆有區別，也就是說，無關乎高低貴賤、精緻粗陋、價高價低、只要對了胃口，那就是滿足。因此，必須滿足了當事人的需求與欲望，這樣才能算「心滿意足」，也才叫做「有福」。

例如，司庫星入總部的人，想要有賺不完的錢；王爺星或皇后星的人，想要有個美滿的家庭；皇帝星入總部的人，想要一呼百應，大家都效忠他、崇拜他，爲他奔走效力；近侍星入總部的人，期待能每天吃喝享樂、帥哥美女相伴；總管星想要有忙不完的事；貴妃星入總部的人，若有休不完的假期，那才眞覺得自己有福氣。反之，貴妃星每天工作忙個不停、總管星有放不完的假期、司庫星天天吃喝玩樂帥哥美女陪玩，那麼恐怕和世界末日一般，哪還會覺得有福氣？

因此若我們要以較客觀的角度來看一個人的福分如何，應該要從他能在其精神領域上所獲得的享受多寡，來做一個評量的依據。若一個人能夠在基本生活還過得去的情況下，懂得培養嗜好、調劑精神生活，不會感覺精神空虛、生活枯燥乏味，吃得下睡得香，樂觀且富有正能量，常保健康身體，那麼還有什麼能比這樣更算是有福氣呢？

傳統中，欲望區塊被稱作「福德宮」，顧名思義，有德者才能有福，「福」是知足、滿足，一種內在的平和與安穩，而「福報」，則是行善積德所得到的回報。

有沒有人是天生帶福報的呢？確實有，若是細細觀察，會發現所謂「天生有福」的人，常常具備五項特質：沒有貪念、不亂發脾氣、欲望不多、不傲慢自大、不胡思亂想。

看起來平凡無奇，但這區區的五項心態特質，卻是大多數人窮其一生都難以做到的，說到底，就是「知足常樂」四個字；反過來看，就算人人稱羨坐擁金山銀山，但自己不滿足、總是自尋煩惱的人能算好命嗎？別人認爲的好不算好，只有自己心裡能滿足，那才是眞的好。

福報有天生具備的，也有後天積累的。生在富貴窩含著金湯匙出生的人，無須爲生活打拚，不用努力也可以安度一生，這樣的人屬於「天生有福」，但若是不知珍惜、敗家揮霍，這個世人所認爲的「福」他又能享受多久呢？「福」需要「德」來相配，對社會、對家庭、甚至對自己的生活都不曾努力過的人，毫無付出，享受的是祖先留下的福報，如此德不配位，日後必有災殃。

若是出生貧苦、行運坎坷，我們可以靠後天行善積德、累積福報來改善命運。積德的方法很多，不一定得要功成名就、有權有錢之後才能行善以積德，凡夫俗子如我們，同樣可以依目前自己所處的環境、具備的能力來斟酌執行。比如扶老人家過馬路、或是見義勇為，是為「積陽德」，可能得到旁人稱讚或揚名一時；救助貧困、支援偏鄉，或是默默捐助天災人禍地區、定期捐棺等為善不欲人知的方式，是為「積陰德」，不只能為自己，亦可為後代子孫累積福報，這就是所謂的「陽德享世名，陰德天報之」，陽德或許很快用完，陰德卻可得到神明賜予的福氣。

更有心者，造橋、鋪路、建學校、助人脫貧、脫困，讓更多人能改善命運，並對社會有正面積極的幫助，這是一個良性的循環，這樣的付出是為「積福德」，福由善生，做善事就有福報，不僅對他人有益，也讓自己的心靈得到付出的快樂、充實與滿足。

欲望區塊主掌一個人的心靈精神層面，其緣由便是自「福德」而來，有福有德，福德兼備之人，才能得到心靈的滿足，身心安頓，得福享福。

欲望區塊的含義涵蓋五個重點：

❖ 表示心情、情緒（精神享受）。

❖ 來財之源。

❖ 老年的安享之位。

❖ 影響命格的組合。

❖ 欲望區塊的主星特性分析。

1 表示心情、情緒（精神享受）

一個人的物質享受程度要看財政區塊，而欲望區塊則是用來看一個人的精神享受程度，並且可由區塊內星宿組合的情形，反映出當事人的情緒如何？若區塊內的星宿佳，表示其心情好，情緒穩定，精神自然得以安享；若是區塊內星宿不佳，主當事人心情鬱悶、情緒不穩定，如此心神不寧或焦慮不安，如何談得上什麼精神享受？可見精神享受必然與心情好壞息息相關。

欲望區塊內的星宿不宜太過強勢，代表愛錢、衝勁十足，心態積極，會爲錢而打拚，但有無成果還須看財政區塊如何，也因此，欲望區塊過旺，也代表當事人較勞碌。例如總管星入總部者，欲望區塊必爲將軍星，代表這個人閒不住、有工作狂熱，沒事也會自己找事做，一旦閒散下來頓覺百病叢生，渾身不舒服；像宰相星入總部的人，欲望區塊必落入近侍星，代表此人企圖心強烈，權力欲望高，而且購物欲永遠難以滿足，這樣如何能清閒？精神享受就更有限了。

因此，欲望區塊內的星宿最好有平穩柔性的貴妃星、皇后星、監察史星坐守，因爲欲望區塊內星宿性質越柔，表示當事人越看得開，凡事不強求，樂天知命。若以貴妃星爲例，落入總部還不如落入欲望區塊來得福厚，畢竟入總部的貴妃星個性懶散，不利開創，只能守成；而貴妃星入欲望區塊，才是眞正懂得精神享受的人。同理，大限走到貴妃星，不見得可以清閒，大限欲望區塊落入貴妃星，這個大限才是眞正能享福的時候。

欲望區塊內有煞星，代表想不開、喜歡鑽牛角尖，於是煩惱多，事事都要操心。基本星盤中的欲望區塊代表當事人與生俱來的情緒表現及豁達的程度，而目前的情緒是否穩定，則要參考大限及流年的欲望區塊。當小限或流年走到基本盤中欲望區塊的年度，無論區塊內的星宿好壞，當事者在那年情緒起伏都較不穩定，特別敏感。若是流年或小限的欲望區塊有煞星落入，那麼該年心情必然糟透了，而且睡不好、多夢；小限走到，代表屬於自己的心情不好，太歲走到，則是因爲外來的因素所引發的是事情，導致當事人爲之操心煩惱。

2 來財之源

欲望區塊也代表來財之源，也是一個人的基本心態，因此區塊內星宿的好壞會直接影響到一個人對來財的觀念與想法。舉例來說，一個人的欲望區塊中星宿平和，或有掌握星、資源星等等，表示此人喜歡享受，要這個人爲了多賺點錢而拚死拚活的衝刺以賺取勞動苦力之財，這幾乎是不可能的；而且區塊內的星宿平穩柔和，代表來財較穩定輕鬆，若落入資源星、掌握星，象徵有多方面的財源來路，且性質較輕鬆，屬於投機性高的快速回收之財；再者，區塊內落入庫銀星或資源星，也代表當事人偏財多、愛享受以及有口福。

欲望區塊內若是星宿組合不好，或是有煞星、阻礙星同區塊，則對對面的財政區塊必然會造成影響，代表來財方式較爲費力，所得的盡是辛苦之財。若是欲望區塊內的煞星有制，那麼並不會造成重大影響；若是煞星單守沒有受到約束，那麼財政區塊的好壞更顯重要，此時財政區塊必須強勢，才能對抗其對沖的力量，因爲財源受阻，勢必要有很好的理財能力來配合，才不至於捉襟見肘，勞而無獲。

欲望區塊落入阻礙星的話，表示一天到晚常爲了如何去賺錢、掙錢而煩惱，而且財源易有是非挫折，當事人常會感覺自己拚命努力衝刺，但所得確總是不如預期般理想，勞而少獲，始終追著錢跑，心身疲憊。此外，若是財政區塊落入阻礙星，其情緒起伏會比落入欲望區塊中還要大、煩惱更多，因爲財政區塊的阻礙星會對欲望區塊造成直接的影響，和欲望區塊相關的事情都會受到干擾，像是來財之源、精神享受、以及情緒的穩定都大打折扣，而且大限走到同論。

特別要提醒的是，無論是財政區塊或欲望區塊落入煞星、阻礙星，並不意味著當事人沒有錢賺，或是一生貧苦，只是代表來財的過程中夾雜是非，頗多阻礙，或是相當辛勞而已，有沒有存到錢，則要參考房產區塊而定，但無論如何，缺乏精神享受則是肯定的。此外，欲望區塊落入澇神星、僞裝星也不必驚慌，那只是代表當事人較淡薄名利，並非完全沒有財路來源。

欲望區塊最怕的是澇神星和糾纏星對照，也就是財政區塊和欲望區塊，分別坐落澇神星和糾纏星，這會使當事人來財極爲辛苦，得之不易，除了勞心之外還要勞力，而且付出的心血頗多，所得的代價卻不成正比。總合以上可知，有沒有賺錢，其實是由房產區塊來決定的，而來財辛不辛苦、順不順利，則是由欲望區塊而定了。

3 老年的安享之位

人生在世，都會有理想與抱負。生活之中忙忙碌碌，說是堆積財富也好、積穀防饑也好，無非是想趁著年輕力壯的時候打拚一番，紮下根基，到了老年之時，能得以隨心所欲並享享清福。就如同小時候常唱的一首兒歌「小蜜蜂」的寓意，趁著春夏辛苦一點，先苦後樂才能好過冬。可見年輕時辛苦不代表命苦，人人都怕老年無避冬養老之所，若需拖著一身已折舊得差不多的臭皮囊，四處奔波討生活，那才眞是歹命。

倉廩不足，老來還須爲了民生問題而操勞，是屬於無福可享；而腦袋瓜想不開，已經富甲一方卻還繼續汲汲營營、忙忙碌碌至死方休，是屬於有福不會享；另外具有濟弱助人之心，服務大眾熱忱的，一旦閒散下來就感到渾身不自在，退休後都要找個義工做做的人，是屬於有福不願享；擁有億萬家財但身體卻已癱了一半的，則屬於有福不能享。

以上這些多多少少都是因爲欲望區塊出了點問題所致，因爲欲望區塊代表一個人的心態，區塊內星宿的好壞會影響到一個人的觀念及思想。因此，欲望區塊內星宿柔和，代表此人較懂得生活調劑，就算在高壓的工作之外，也不忘消遣、紓解身心壓力。既然注重精神生活的享受，必然懂得提早對老年生活做一番生涯規劃，以及思考年老時的因應之道，不會一味固執地爲了追求某些可以放下的事物而糾結苦惱，所以欲望區塊是可以判斷一個人老年是否得以安享的位置。

欲望區塊的星宿組合不好，例如有將軍星、前鋒星、近侍星、阻礙星、掌握星，或有煞星單守時，是標準的勞碌命，甚至晚年亦難以享福。如同前面所提到的，這是因爲心態問題，與其經濟狀況好壞無關，不是他享受不起，而是他不願、不想、不懂得去享受。

基本星盤中的欲望區塊好，這固然不錯，但大限欲望區塊的好壞才是反應目前的實際狀況。因此基本的欲望區塊若是不好，也不用太過擔憂，若運至老年時大限的欲望區塊好才是重要；反之，若基本欲望區塊不錯，但運行至中年之後，大限欲望區塊卻奇差無比，只代表該大限心浮氣躁罷了。因此命好也得要行運配合才能有實際效用，否則也只是中看不中用。

年老時欲望區塊不佳，無法得以安享，其原因出在何處？因人而異，可就其命格的思想心態傾向，再配合其大限走勢，並以基本星盤各區塊與大限星盤各區塊加以重疊，再查看此時各區塊的吉凶旺弱，以及煞星、阻礙星落入的是基本星盤中的哪個區塊？又爲大限星盤的哪個區塊？以及區塊內星宿性質所代表的是什麼事情？這樣就不難判斷出當事人是爲財？爲名？又或是爲了子孫或家庭之事操心奔走，使得心情無法開展。這些緣由是否有解決之道？總歸還是一句話，得看當事人的想法能否調整？並領悟某些事情要「捨得」才行。這是一體兩面的道理，唯有懂得凡事要先「捨」才能有「得」，也才能放下苦惱而得以清享。

4 影響命格的組合

欲望區塊的好壞可以影響一個人的命格，但此處所說的影響，並非指命格的高低層次，這與外緣區塊的好壞可以直接影響命格的高低是有區別的。因爲外緣區塊不好是直接對沖總部，而且外緣區塊若是不好，會大大地影響其人際關係，人際關係不好，當事人的生活及工作上的接觸層面，便難以做進一步的提升，這些高低的層次以及價值觀是顯露於外的，也就是從表面上即可分辨。但一個人的價值觀及層次有時是無法用外表、金錢、權勢、地位等世俗標準來衡量的，內在的心態、觀念、精神等等更是無法忽視的部分。

欲望區塊所謂的影響命格，是因爲欲望區塊主宰著一個人的基本心態，星宿的好壞會影響當事人的想法以及觀念。「人者，心之器也。」同樣一件事情會因爲欲望區塊的不同，想法觀念有別，而導致實際上對於這一件事情的處理方式以及因應之道不同。可知人的思想觀念會直接左右其作爲，一念之善與一念之差，往往會在冥冥之中影響著一個人的福基與造化。一個心胸開闊、凡事不予計較，懂得平淡是福，生活雖不富裕，但卻過得十分愜意、悠遊自在的人，與一個終日爲了名利、權勢地位而披星戴月、明爭暗鬥、忙碌緊張，到老仍不得清閒的風雲人物相比，您認爲誰才是眞正的好命？

因此，欲望區塊對於命格的影響，在於能獲得精神享受的多寡程度，而非其命格的高低與成就的大小。命格雖是天定，無法更改，但可藉由人的作為來做後天的改善。例如愛賺錢、為財勞碌的人，需要克制自己的貪性，適時地培養一個良性的消遣嗜好；愛家、為子孫過度操心勞碌的人，須得看得開，懂得放下，兒孫自有兒孫福，過度的干涉有害無益，只會使他們永遠也長不大。其他原因亦同，只要針對其問題之癥結所在，加以導引、轉移、或消除誘因，自然可以減少許多不必要的煩惱與勞碌。當然，說得簡單，眞正要做到還需要經過好一番的掙扎與練習。

另外一種後天改變的方法，便是多行善、多積陰德，自然可增加當事人得福報。欲望區塊是一個人的福基，並且會影響一個人的壽元，例如，大限行至陷弱之處，又逢滂神星、糾纏星照會，且無吉星來救，加上煞星包圍，凶險異常。此時當事人是否有生命之危，就必須參考大限欲望區塊以及房產區塊的狀況了，若是欲望區塊此時有庫鉏星來解，則當事人必然能有驚無險、死裡逃生。

新聞常見此類事蹟，飛機失事也好、火口餘生也好，總有些人能大難不死得以倖免於難，甚至多年前曾有一件不可思議的新聞，一位跳樓尋短的人無恙，但不幸遭到「墊背」的人卻因這個天外飛來的意外而亡，實在讓人咋舌。

這些曾在鬼門關前轉了一趟又被拉回來的，屬於欲望區塊有化解的情形所致，或是平時行善積德，於危難之時得以逢凶化吉，倖免於難。這種冥冥之中的無形力量，是令人難以解釋卻不得不信的。如果大限狀況如前面所述，加上又沒有吉星來化解，則表示當事人福基已盡，無福可享了；倘若房產區塊也不佳的話，便是駕鶴西歸之時了。

欲望區塊內的星宿特質，可主宰當事人的思想傾向特質。例如，欲望區塊落入資源星的人，好吃、有口福，而且來財輕鬆；落入掌握星者，比總部落入掌握星的人還要頑固，甚至可能到了迴光返照之時還不願移交產業大權；欲望區塊落入顯耀星者，懂得爲自己打算，而且非常愛面子；阻礙星落入欲望區塊的人，擔心這個煩惱那個，操不完的心，標準的自尋煩惱。

欲望區塊坐近侍星，會藏私房錢；坐正學士或副學士星，睡前多半有閱讀的習慣，但若兩顆星同入欲望區塊的話，說話要打折扣，有言過於實的現象；坐落宰相星，年紀越大越囉唆；坐旱神星，頭腦非常冷靜，屬於臨危不亂型。

5 欲望區塊的主星特性分析

貴妃星：最喜落入欲望區塊，必然福厚。反應快，善察言觀色，待人接物世故，但做事較懶散，重視生活情趣，精神生活豐富。

皇帝星：爲人勤勉，熱心社會公益，具有涵養與氣質。但內心空虛，精神壓力大，易感覺孤獨，經常爲做出的決定後悔。女性的星盤欲望區塊落入皇帝星，一生安逸，可得長輩愛護，很懂得家居佈置。

軍師星：好奇心重，求知慾旺盛，容易患得患失、操勞失眠，中年後方能平穩；三十五歲前必勞碌奔波，心神煩躁想不開。

王爺星：處事積極，生活節奏較快，個性急躁、好動。男性屬於粗線條個性，王爺星落欲望區塊較適合女性，且最好落在旺地，陷地則得失心較重。

司庫星：一生多操勞，難得清閒，個性急躁且頑固，心情不開朗，注重物質享受。若加上正、副學士星，代表喜歡風花雪月；加煞星代表孤獨，若是司庫星落在Ⅴ、Ⅺ、Ⅱ、Ⅷ時，老年可享福。

使節星：心思善變不穩定，較煩神操心，一生勞碌。善於獨自享受，懂得自得其樂；宜忙中偷閒，適時享樂。

宰相星：爲人樂觀、冷靜、謹愼，定力十足，知足常樂型，可享口福之慾。若加上馬前卒、後衛兵星，爲人小氣。

皇后星：若爲男性，最喜皇后星落入欲望區塊且位於旺地，想法浪漫、重氣氛，物質享受重於精神享受，且多艷福；女性則重視家庭和手足，比較不解風情，欠缺精神享受。

近侍星：有口福，重視物質享受，喜歡藏私房錢，好勝心強，精神難得放鬆；喜歡把周遭的人分等級互動，欲望難以滿足。

密探星：暗星落入欲望區塊，代表勞心勞力，遇事進退猶豫不決，操心勞碌，凡事必躬親，疑心病頗重。

總管星：一生安享舒適，較重物質享受，注重外表，具正義感與同情心，退休後不是當義工就是志工。

監察史：重視精神層面的滿足，追求快樂享受；若落入煞星，好言詞巧辯，容易自尋煩惱。

將軍星：一生勞碌，費心費神，不宜女性。有工作狂熱，閒不下來，沒事也得找事做，逢挫折容易消沉；將軍星若落在I、VII、III、IX位則較好。

前鋒星：精神難得安靜，一生奔忙，自尋煩惱，凡事舉棋不定，計畫一堆但無心執行；若是落在I、VII位則福厚例外。

煞星：代表心神不寧，心煩氣躁、常做夢，流年時更爲明顯。

正、副學士星：口才好，反應快，晚上睡前愛閱讀。

庫銀星：代表偏財多，同時也比較節儉，有口福；庫銀星同時也具有消災解厄的作用。

看似簡單的一張星盤，盡顯一個人的人格特質。人的欲望凸顯了內在的「價值觀」，進而左右一生的際遇。

欲望區塊最嚴重的是近侍星和資源星坐守，永遠無法滿足的欲望，足以讓身邊親情和友情充滿是非、口舌不斷，情誼難以長久維持。除非你練就一身高段忍功，否則難以承受。

基因區塊

基因區塊，顧名思義，與遺傳基因有密切關係，我們的身體從父母而來，由父母所賜，因此外貌長相、身體病症，都與父母有密不可分的關係。傳統上，「基因區塊」稱作「父母宮」，相當直接地說明了這個位置的功能；但經過時代的演變，其實這個位置所包含的意義不只是與父母的互動、對待關係而已，更是現代人檢視基因和遺傳病症的一個重要線索，因此將這個部位稱作「基因區塊」，應該更能代表它所涵蓋的意義。

人類的遺傳基因非常神奇，我的媽媽有糖尿病，咱家兄弟姊妹只要年過五十歲，無一幸免，均難逃這種遺傳疾病的折磨。而我有一個學生，才年過三十不久，就已檢驗出B肝帶原，其父親、祖父都有肝病的病史，更玄的是這基因竟只遺傳男性，家中的姊妹則無此困擾。另外一個女學生，她的媽媽有乳癌病史，而她在三十一歲時也發現了乳房有硬塊，醫生建議她儘早手術以免惡化，未婚的她人生瞬間從彩色變成黑白。

我的大兒子和我三姊的小兒子雖然年紀相差許多，但每當兩人站在一起，無論身材、長相，都宛如雙胞胎兄弟一般，這眞是血緣傳承奇妙的地方，就算是旁支而非直系，只要有基因相連，都能找出神奇的相似之處。

在講究「孝」的華人社會中，子女對父母親必須恭敬聽話、父母對子女應該無條件付出、竭盡所能栽培，所謂世上有四好：德國的車好，瑞士的房子好，日本的老婆好，中國的爹娘特別好。有錢省給下一代，有力氣幫助下一代，有房子留給下一代，有知識教育下一代，有車子接送下一代，有病痛不告訴下一代。華人父母可說是世上絕無僅有的民族。

現代人不婚、不孕的越來越多，就算結婚，能生一個就不錯了，生兩個已經算對社會有相當貢獻，生兩個以上的家庭眞是勇氣可嘉！前陣子有篇報導，列出從懷孕開始到小孩碩士畢業所需花費，零零總總算下來竟然需要五百萬！每個家庭生養孩子的方式不同，就算不論花費，要將小孩從小拉拔到大，父母要付出的心力才是難以估算。在過去農業社會裡，孩子生得越多，家中生產力越多，養兒防老是傳統，也是根深蒂固的想法；相比今日，養兒啃老的現象比比皆是，孩子能自立已經不錯了，身爲父母的還是儘早爲自己的晚年做打算，各自安好，以免相互埋怨。

在東方星理學中，基因區塊和手足區塊分別位於總部兩側，藉以輔助總部。從基因區塊內的星曜變化，可以看出自己在孩提時代的家庭狀況、父母對自己的庇護程度、父母親的性格、以及與父母之間對待關係。童年時，每個孩子都需要受到照顧和庇護，基因區塊的好壞是一個人的立身基礎，是否有家庭的助力？是否必須孤軍奮鬥？這些都是影響當事人未來人生能否順遂的重要因素。

基因區塊的含義涵蓋五個重點：

- ❖ 與長輩的互動狀態。
- ❖ 呈現父母的婚姻狀態。
- ❖ 影響健康區塊，判斷是否有家族性遺傳疾病。
- ❖ 間接影響總部的格局。
- ❖ 基因區塊的主星特性分析。

1 與長輩的互動狀態

基因區塊內星宿的好壞，可以顯示當事人與父母之間的互動對待關係如何？以及彼此之間緣分的厚薄。如果區塊內有吉星或是有平穩柔和的星宿坐守，表示當事人與父母相處極爲融洽，親子投緣、溝通良好，亦親亦友，較無所謂的代溝問題存在，例如，區塊裡有皇后星、貴妃星、監察史星、宰相星、總管星等星宿坐守者屬之。

基因區塊內若有軍師星坐守，表示父母中其中一人爲養子或養女；若有監察星坐守且沒有煞星沖、照，則父母高壽；如果有正、副學士星，表示父母非常注重子女的學業，並且會以子女的成就與他人比較，父母的虛榮心較重，因爲會造成當事人的壓力。

基因區塊若是陷弱且無吉星，或是星宿組合不良、有煞星落入，表示當事人與父母相處關係不良，彼此沒有共識，無法溝通，相互間容易有誤解或爭執；也可能相處得不錯，但親子間卻聚少離多，緣分較淡薄。基因區塊內若是逢煞星單守，與父母更是意見難合，或是從小被打到大，衝突不少。

對父母來說，雖說每一個子女都是手心手背中的肉，但五根手指頭伸出來都不一樣長，也就難免有偏愛，或覺得磁場不合、特別傷腦筋的小孩了。我們在現實生活中也不難看到，有些孩子明明乖巧懂事，一天到晚幫父母分擔家事照顧弟妹，但被父母嫌棄的、被打的最多的卻是他，這種情況可能連父母都說不上來到底爲什麼，就是覺得這個孩子不投緣、不對眼、疼不入心。這種在外人眼中匪夷所思的情形，打開星盤一看，原來是基因區塊不佳，磁場不合，如此一目瞭然，孩子不需鬱悶是不是自己不夠好，也就不要強求所謂的公平了。

既然明白與父母的相處關係不佳，或是緣分較淺，那麼只有將傷害減至最低，不再惡化即可。其補救之道有：

• 減少接觸見面的機會。
• 將當事人過繼、或重認一對義父母。

若是都不願意，那就只有看開一點，隨遇而安吧。

父母之間的緣分有時是受外力的影響，例如基因區塊陷弱，又被滂神星、糾纏星拱，代表父母中有一位早亡或分手，這種情形是人力所不能改變的無奈；另一種情形則屬於相處互動狀況不良，但對待關係惡劣並不表是一定是當事人忤逆不孝所致。

例如，王爺星加監察史星同入總部的人，其基因區塊必為將軍星，屬於組合不佳的類型。因為基因區塊落入將軍星、前鋒星、近侍星等皆不以吉論，兩方的互動狀態必然容易起衝突。但王爺星加監察史星入總部的人會不孝嗎？這種情形往往出現在溝通的態度上，或許是表達方式令父母難以接受，因而引起的爭執和衝突。雖然出發點是好的、有心的、孝順的，但彼此觀念差異較大，難以達成共識，常常處於對立的狀態。

基因區塊的好壞，是以基本星盤爲一個概況，但目前實際狀況如何？同樣必須觀察大限基因區塊的組合而定。子女與父母之間的互動狀態也會隨著年齡增長、個性轉變、經濟狀況等等因素而有所改變，是改善或惡化？可就該區塊所落入的星宿狀況來判斷。星曜越是柔和穩定的，互動越好；只是星宿必須在旺地才有力量，落陷就不管用了。男性的基因區塊代表自己的生父，養父則看對面區塊；女命的基因區塊則是代表自己的生母，若是養母則一樣看對面區塊。

2 呈現父母的婚姻狀態

基因區塊能顯示當事人父母的婚姻狀況。一般說來，區塊內的星宿組合不佳，或有四化星落入的話，對其父母的婚姻會有不良的影響。因為若先以區塊來看，有資源星或庫銀星落入基因區塊，表示父母有增加的情況；若是掌握星落入基因區塊，則主雙。同樣是增加，既然當事人父母有增加的情形，則其父母的婚姻必然曾經歷生離或死別，除非當事人為養子，代表父母已經增加了，否則父母必有再婚的可能，因此對父母的婚姻有不利的影響。

再者，若以星宿來看，基因區塊若是落入近侍星，父母一樣會有人數增加的情形，與資源星、掌握星落入基因區塊同論。因此，若是發現自己的孩子星盤中有此情況的話，最好在孩子週歲前就給他認一對乾爹乾媽，讓他去符合基因區塊的狀況，總比日後眞的發生狀況要來得好。

除了基因區塊有四化星或桃花星落入，會影響父母的婚姻之外，若是手足區塊也有上述諸星以及四化星落入，同樣也會影響父母的婚姻狀況。因爲手足區塊爲基因區塊的婚姻位置，，也就是說，男性的基因區塊爲父親，而手足區塊除了代表當事人的兄弟之外，也代表母親；女性同樣依此推論。因此，若是手足區塊落入資源星、掌握星，父母一樣有增加的可能，只不過所增加的對象換了而已。

3 影響健康區塊，判斷是否有家族性遺傳疾病

由於基因區塊的對面就是健康區塊，因此基因區塊內的星曜好

壞，會對健康區塊間接造成影響。例如，基因區塊若是有煞星坐守，對沖健康區塊，代表當事人在童年時即破相，以及童年時身體多病痛。至於是什麼部位患了什麼毛病？就要看當時運走到哪個區塊？其中是什麼星宿？健康區塊當時又落入了什麼星宿？端詳區塊內星宿代表何種疾病，即可瞭解罹患什麼病症。就算是星盤相同、總部落入同樣位置的人，單以健康區塊來論病症的話，基因區塊有煞星來對沖的人，所患病症勢必比基因區塊沒有煞星坐守的人要嚴重多了，而且前者的先天體質也會較後者爲差。可見基因區塊之中所落的星宿好壞，對身體的健康都會造成不可忽視的影響。

基因區塊有阻礙星坐守的，對身體的影響尤其大，因爲阻礙星代表是非與欠缺，所以當事人除了父母感情有是非過節之外，這顆阻礙星還會影響到對面區塊。健康區塊代表的是自己的身體，因此基因區塊加入阻礙星，則代表當事人身體有所欠缺，並且是屬於先天性或遺傳性方面的疾病，而且多是忽發忽止或是長年老疾，以及不易痊癒之症。

有些病症是從外表即視而可見的，例如兔唇、缺耳等；也有內部器官的病症，像是先天性心臟病、心瓣膜缺損、血友病、癲癇、色盲等等。至於問題會出現在哪一個部位？則須參考其總部、健康區塊的星宿，以及阻礙星所落之處。

例如，總部落在III位有王爺星和密探星同入，其健康區塊必為X位的使節星和前鋒星，這兩顆星位於X位時主心臟疾病，表示當事人在先天體質上心臟不好，但尚無大礙；若基因區塊又有阻礙星落入，X位又逢馬前卒星同入，此時其病症所在部位就已明顯可見，而且病況比前述的嚴重多了，時好時壞，而且可能成為困擾當事人終生的頑疾。

在行運之中，若逢大限基因區塊有阻礙星坐守，則不須擔心前述的問題，因爲先天性或者得自遺傳的毛病，必須是基本星盤有具備才做此論，若是大限逢此情況，最多只代表當事人在這個大限之中身體差了一點而已；但若大限健康區塊也很不好，就有可能在該大限之中，流年的健康區塊又被引動的時候大病一場。至於生什麼病？則看星座性質即得知。如果大限的健康區塊還不錯的話，則不須過分擔憂。

4 間接影響總部的格局

一個人的命格，除了受到總部的三方四正影響之外，總部的左右兩個鄰近區塊，也佔有相當重要的一席之地。這兩個區塊分別是基因區塊和手足區塊，立於總部的兩旁，如果這兩個區塊的星宿非常好，就如同有兩條強而有力的臂膀，扶持著當事人行走人生道路一般，既省力又順暢。這個助力一個來自於兄弟姊妹，一個來自於父母，因此，鄰近區塊好的人也可以說是比別人都好命，不論人生路途有多坎坷，他總是可以在最需要支援的時候得到助力，尤其是在當事人童年時代，那更是如同被家人捧在手心一般受到相當的呵護。總部若有正、副學士星、科舉星、貴人星、左、右護法星、王爺星、皇后星、皇帝星、宰相星等吉星來夾的話，可減少當事人許多勞碌，增福不少。

反之，若是總部左右沒有吉星來夾，反而有嫪神星、糾纏星、或是眾多煞星來夾的話，表示當事人的父母與兄弟姊妹皆落凶煞，代表與父母、手足無緣，六親沒得靠，一切都得自己來，在童年時尤其明顯，爺爺不疼、姥姥不愛，受苦、挨打、被責難的機會較多，日子過得比較辛苦。而長大之後，同樣得憑一己之力去闖蕩，人生過程所遭遇到的困難和險阻比別人多，凡事自己爭取，相對的也增加不少勞碌。如果總部左右兩個區塊一好一壞，就如同原本架在兩側的手臂，突然放掉其中一邊，此時就會造成失去平衡一邊倒的情形，不過這樣還是比被煞星夾、或是被澇神星、糾纏星挾制，兩邊都落空要好得多。由此可見，鄰近的兩個區塊對總部命格的影響程度，不可小覷。

大限若行至某個區塊，而又逢吉星來夾，代表當事人在這個大限十年中比較順暢省力，需要支援或即將跌倒之時，總是會有人及時伸出援手來助你解困，只不過那時的左右助力就不一定是來自於父母或手足了。同理，若是運行逢澇神星、糾纏星來夾，或是左右區塊都是煞星的話，這樣的十年必然是不如意事十常八九，做事左右碰壁，阻礙難行，不但遇不到及時雨，反而被扯後腿的機會不少。因此身爲鄰近區塊的基因區塊，對命格的影響絕對不容忽視。

5 基因區塊的主星特性分析

監察史：父母善良敦厚，長壽機率大，雙親感情和睦，與父母同住的時間較長。若加吉星，必有祖產庇蔭；加煞星，宜另拜義父母。

皇帝星：皇帝星落入基因區塊且單守，又沒有會到左、右護法星的話，代表父母感情不睦，或是先走一位。父母權威、頑固，不易溝通；若加煞星，不爲父母所疼。

軍師星：父母之中必有人過繼或離祖，必須祭祀雙性牌位。當事人個性獨立，較早離開父母身邊；同時也代表長輩個性溫和、平易近人。若加煞，以孤論之。

王爺星：王爺星位於旺地，代表父母心地善良、爲人敦厚，社會名望好，當事人童年受疼愛。王爺星落陷地，或加阻礙星，代表親子有代溝，就算想幫忙也心有餘而力不足。

司庫星：父母個性保守、穩重，行事謹慎，標準的傳統派。若司庫星逢將軍星或前鋒星，必須二姓延生，以免祖產無緣；若不逢煞沖，父母勤奮打拚，子女輕鬆享受。

貴妃星：福星入基因區塊，雖代表父母慈祥和藹，親子關係良好，但也象徵著父母要享福，子女勢必得更努力勤快一點才行。

使節星：使節星爲孤獨之星，不適合落入基因區塊，童年常挨打，與雙親緣分較淡，難得到長上的庇蔭；若加上桃花星，代表長輩增加；若加煞星，代表遠離故鄉。

宰相星：代表上一代的環境優秀富裕，父慈子孝，感情融洽；若是會到正、副學士星、科舉星、貴人星，代表官貴；會到資源星則節儉吝嗇；加煞星，代表脾氣暴躁。

皇后星：母性的星座落入基因區塊，旺地時代表母親對當事人影響較大，可享受親情母愛；陷地則相反，且需注意有痼疾或感情出狀況。王爺星和皇后星同區塊，若入Ⅷ位，不利母親；若入Ⅱ位，不利父親；若加煞星或阻礙星，防母寡居。

近侍星：與父母緣分較淡，雙親感情較複雜，宜早離出生地或另認義父母；近侍星入Ⅴ、Ⅺ、Ⅱ、Ⅷ位，可能爲養子；若加上桃花星，可能爲偏房所出子女。

密探星：暗曜落入基因區塊，無以言吉，親子爭執難免，兩代觀念、個性難有交集，對子女要求嚴苛，比較注重物質上的享受。

總管星：父母作風開明，社會關係良好。若是落陷地，好管閒事；若加左、右護法星，熱心，會加入義工行列；若逢阻礙星，小時候是別人帶大的；加煞星，兩代觀念有隔閡。

將軍星：不宜落入基因區塊，代表長輩固執又霸道，意見難溝通，代溝頗深，對立難免，可儘早外出獨立，若加上吉星可化解。加煞星，代表離宗庶出，或有惡疾纏身。

前鋒星：雙親之間常意見不合，自己與父母亦有代溝，家中吵吵鬧鬧，若是位於Ⅰ、Ⅶ位則較好。與父母緣分較淡，童年可能是奶媽或姥姥帶大的。

作者啓事

爲服務喜歡本學術之讀者，特成立下列配套措施，讀者可隨喜選用。

1 獨家授權「社團法人中華民國占驗紫微學會」爲本學術之傳承、師資培訓及授證機構。有意精進者，請向本學會總幹事許富琮先生聯繫，聯繫方式：02-2567-1627 或 0910-810-635。

2 獨家授權「星都企業有限公司」爲本學術相關之排盤軟體、性向分析圖表等之下載、網路服務等等。

欲進一步瞭解，請至 www.skyfate.tw

國家圖書館出版品預行編目資料

東方星理學．區塊篇 / 天乙上人著 .-- 初版 .-- 臺北市：春光出版：家庭傳媒城邦分公司發行, 民110.01
面： 公分

ISBN 978-986-5543-09-9（命理開運：軟精裝）

1. 紫微斗數

293.11 109020009

東方星理學❷【區塊篇】

作　　者 / 天乙上人
企劃選書人 / 劉毓玫
責任編輯 / 王雪莉
內文編輯 / 劉毓玫

版權行政暨數位業務專員 / 陳玉鈴
資深版權專員 / 許儀盈
行銷企劃 / 陳姿億
行銷業務經理 / 李振東
副總編輯 / 王雪莉
發 行 人 / 何飛鵬
法律顧問 / 元禾法律事務所 王子文律師
出　　版 / 春光出版
台北市104中山區民生東路二段 141 號 8 樓
電話：(02) 2500-7008 傳眞：(02) 2502-7676
部落格：http://stareast.pixnet.com/blog E-mail：stareast_service@cite.com.tw
發　　行 / 英屬蓋曼群島商家庭傳媒股份有限公司城邦分公司
台北市中山區民生東路二段 141 號11 樓
書虫客服服務專線：(02) 2500-7718・(02) 2500-7719
24小時傳眞服務：(02) 2500-1990・(02) 2500-1991
服務時間：週一至週五9:30-12:00・下午13:30-17:00
劃撥帳號：19863813 戶名：書虫股份有限公司
讀者服務信箱E-mail: service@readingclub.com.tw
歡迎光臨城邦讀書花園 網址：www.cite.com.tw
香港發行所 / 城邦（香港）出版集團有限公司
香港灣仔駱克道 193 號東超商業中心 1 樓
電話：(852) 2508-6231 傳眞：(852) 2578-9337
E-mail : hkcite@biznetvigator.com
馬新發行所 / 城邦（馬新）出版集團【Cite(M)Sdn. Bhd.(458372U)】
41, Jalan Radin Anum, Bandar Baru Sri Petaling,
57000 Kuala Lumpur, Malaysia.
電話：(603) 90578822 傳眞：(603)90576622 E-mail：cite@cite.com.my.

封面設計 / 鍾瑩芳
內頁排版 / 游淑萍
印　　刷 / 高典印刷有限公司

■ 2021 年（民 110）1 月 5 日初版
Printed in Taiwan

售價 / 599元

ISBN 978-986-5543-09-9

廣	告	回	函
北區郵政管理登記證			
台北廣字第000791號			
郵資已付，免貼郵票			

104台北市民生東路二段141號11樓

英屬蓋曼群島商家庭傳媒股份有限公司

城邦分公司

請沿虛線對折，謝謝！

愛情・生活・心靈
閱讀春光・生命從此神采飛揚

春光出版

書號： OC0085C　書名： 東方星理學❷・區塊篇

請於此處用膠水黏貼

讀者回函卡

謝謝您購買我們出版的書籍！請費心填寫此回函卡，我們將不定期寄上城邦集團最新的出版訊息。

姓名：______________________

性別：□男　□女

生日：西元__________年__________月__________日

地址：______________________

聯絡電話：______________ 傳真：______________

E-mail：______________________

職業：□1.學生 □2.軍公教 □3.服務 □4.金融 □5.製造 □6.資訊

□7.傳播 □8.自由業 □9.農漁牧 □10.家管 □11.退休

□12.其他 ______________________

您從何種方式得知本書消息？

□1.書店 □2.網路 □3.報紙 □4.雜誌 □5.廣播 □6.電視

□7.親友推薦 □8.其他 ______________________

您通常以何種方式購書？

□1.書店 □2.網路 □3.傳真訂購 □4.郵局劃撥 □5.其他 __________

您喜歡閱讀哪些類別的書籍？

□1.財經商業 □2.自然科學 □3.歷史 □4.法律 □5.文學

□6.休閒旅遊 □7.小說 □8.人物傳記 □9.生活、勵志

□10.其他 ______________________

請於此處用膠水黏貼